JN155924

目次

■凡例

・原文中のイタリック体は傍点による強調とした。
・訳文中に原語を指示する場合、および訳者による補足・説明には〔 〕を用いた。
・原文中の著者による補足・説明は原文のとおり［ ］で示した。
・原文中の大文字で始まる単語およびハイフンでつながれ一まとまりとなった語句は〈 〉で示した。
・原文中の（ ）はそのまま（ ）とした。
・本文の原註および編注は☆で、訳註は★で示し、本文の脚注として掲出した。

最後のユダヤ人

装幀——戸田ツトム

緒言

本書には、ジャック・デリダの二つの文章が収められている。その主要なモティーフは、デリダ自らが述べるように、彼自身の「ユダヤ性ないしユダヤ教への帰属なき帰属」である。これらの文章はそれぞれ一九九八年と二〇〇〇年という日付をもっている。そこでは、七回にわたりハイデガーの名前に出くわすが、この名がユダヤ性という主題において特殊な含意があるとされているわけではまったくない。『存在と時間』の著者への唯一の哲学的関係があるのは、一度だけ、『ユダヤ人問題』のサルトルを通じて、本来性と非本来性とのハイデガー的な区別への依拠に関してである。この区別に関して、デリダはサルトルには過剰な信頼があると記している。

一五年後、そしてデリダが亡くなってから一〇年後に公刊された本書には、いくつかの呵責なき、あるいは辛辣な指摘が寄せられると予想することもできる。どうしてデリダはハイデガーの反ユダヤ主義についてまったく疑っていなかったのか、この反ユダヤ主義が下劣に露わになっている『黒ノート』に対してデリダならばどのように立ち向かうだろうか、といった指摘がそれだ。

皮肉屋は無駄骨を折ることになるかもしれない。デリダはハイデガーの反ユダヤ主義を知らないわけではなかったからだ。そのことはいくつものテクストから示すことができる。ここでは、(『プシケー』における)[☆1]「総長演説」についてのデリダの注釈の非常に明快な一文を参照するか、あるいは彼が(『精神について』の終わり近くで)[☆2]「ルーアハを忘れた」ことを弁明するハイデガーを模しているときの皮肉を参照するか、あるいはまた『ポジシオン』におけるように(とりわけ精神分析の「ユダヤ的」性格に関する)いくつかの反ハイデガー的な攻撃の解明の詳細を参照することで十分だろう。[☆3]

他にも多くの事例を挙げることは可能だが、いくつかの事例からでは、はるかにいっそう深く複雑な真実を説明することはできまい。一方では、デリダは「歴運的(historial)」な反ユダヤ主義に盲目であったはずはない(これはペーター・トラヴニーの言葉であるが、かつてはフィリップ・ラクー゠ラバルトの言葉でもあった――彼については、デリダとの長きにわたる近しさから考えることがあるはずだ!)。これは、運命をもっぱら〔排外的に〕「ギリシア的」なものへ

☆1 Jacques Derrida, *Psyché. Inventions de l'autre*, t. II, nouv. éd. augmentée, Paris, Galilée, 2003, p. 146.〔46 の誤記と思われる〕

☆2 Id., *De l'esprit. Heidegger et la question*, Paris, Galilée, 1987.〔ジャック・デリダ『精神について　ハイデッガーと問い』港道隆訳、平凡社ライブラリー、二〇〇九年、一八七頁〕。

☆3 Id., *Positions*, Paris, Minuit, 1972, p. 75.〔ジャック・デリダ『ポジシオン』高橋允昭訳、青土社、二〇〇〇年、八二頁〕

と固定することと重なるほかないだろう（この「ギリシア的」なものは、それを排外的な場に置くことですでに裏切られているのだが……）。逆に、この点についての彼の慧眼は、ハイデガーに対する留保、さらには不信を構成するあらゆるものと一体となっている。ただし、それは、デリダにあっては、ハイデガー思想の意義の承認とたえず混じり合っていたのだが。

他方では、デリダは、まさしくあらゆる形態の反ユダヤ主義がその形象、実体ないし基体をなすような「ユダヤ性」に自らを同一化することにも同じくらい警戒していた。だからこそ彼は「帰属なき帰属」を引き合いに出しているのだ。反ユダヤ主義を告発することは、彼にとって、とりわけ「ユダヤ的なもの」を過剰に同一化することにつながることになってはならない。デリダが、反ユダヤ主義が「現前の形而上学」の構築の深い配置にどれほど由来しているかを知っていたということは確かなことですらある――いつかそのことを示すこともできるだろう。それは、ハイデガーがこの同じ「形而上学」にいくつかの点でどれほど従属したままであるかをデリダが知っていた――たえずこの点の周りを回っていた――のと同様である。ただし、ハイデガーは同時に一つの外部を開いており、それをデリダが拡大し、拡充しようと専念していたのだったが。

だからこそ、デリダは、本書に収められたテクストのうちの一つで強調しているように「孤独」でしかありえなかったのだ。自らの思想の賭け金がどのようなマニ教的なへつらいにも還元されないよう、ただ独り責任を負っていたのだった。思想家はつねに群れや一味に対して孤独である。デリダは、ハイデガーにおける例外と凡庸さの隣接関係にきわめて敏感であった。彼は、あらゆるコンセンサス、帰属ないし所与の確実性に自らを同化することをできるかぎり拒んでいたのだった。☆4

ジャン゠リュック・ナンシー

☆4　いっそう計画的なものとしては、ジャン゠クレ・マルタンのサイトに掲載されたジャン゠リュック・ナンシーの「ハイデガーとわれわれ」という文章も参照されたい（http://strassdelaphilosophie.blogspot.jp/2014/06/heidegger-et-nous-jean-luc-nancy.html）。

告白する——不可能なものを

「回帰」、改悛および和解☆5

grâce★1、そう《ウィ》、grâce。

そう、はじめるのにすら先立って、私はあえてこれらの二つの語を使いましょう——grâce という語です。一つ目の語、感謝《グラース》、二つ目の語、容赦《グラース》。もちろん、私の謝意（gratitude）を証言するためですが、容赦を求めつつ、告白するためでもあります。

grâce、したがって、私はそれを捧げ、またそれを求めたいと思います。

私に対し、発言の機会というおそるべき名誉を授けてくださった人々に対して感謝《グラース》を捧げつつ、選ばれたという特権によるかのようにして、つねに自分に見合うと感じることのない任務をこうして自らに割り当てつつ、私は彼らに容赦《グラース》を求めたいと思います。あなたたち皆に対し

☆5 このテクストは、まず一九九年の第三七回フランス語圏ユダヤ人知識人会議の会議録に掲載された（*Comment vivre ensemble?*, Jean Halpérin et Nelly Hansson (dir.), Paris, Albin Michel, 2001, p. 179-216)。

★1 grâce という語は多義的であり、デリダはここでとくに rendre grâce ＝「感謝を捧げる」と demander grâce ＝「容赦を求める」という二つの意味を響かせて用いているが、この語にはさらに「恩恵」、「恩寵」あるいは「恩赦」、「赦免」といった意味もある。

ても同様にです。私がまもなく告白するものについてお赦しくださるよう求めつつ、私は、あえて自分の告白を口実にして、一般的な提案を提示し、それを形式的な仮説としてあなたたちの議論に委ねたいと思います。

どのような仮説でしょうか。

そうまさに、今日——私はまさに今日と言いますが——、同時代人と言われる人々にとって、想定された同時性のもとで任意の歴史的ないまを共に生きていると考えられている人々にとって、つまり、今日、同じ世界で、かくも漠たるかたちで、われわれの言語において「共に生きる」と名づけられているものに要請されている（倫理的な、政治的な、法的な、宗教的な、さらにそれらを超えた）責任を前にして、そうまさに、ある種の告白が、第一の命令〔戒律〕として告げられるかもしれないという仮説です。

どのような告白でもよいのではなく、特異な、未聞の、ありそうもない告白、あらゆる特定の過ちに先立って、それを超えて、他者の前で告白不可能なものを宣言する告白です。というのも、容易に告白できるように見えることを告白すること、告白可能なものを告白すること、それは告白することではないからです。そう認めましょう。そう告白しましょう。告白とは、そのようなものがあるとすれば、告白不可能なものを告白しなければならない、したがってそれを宣言（déclarer）しなければならないものなのです。告白とは、もしそのようなことが可能だとしたならば、告白不可能なもの、言い換えれば不正なもの、正当化できないもの、赦しえないもの、さらには告白することの不可能性までをも宣言しなければならないでしょう。同様にして、赦しうるもの、赦されるものだけを赦すことは、赦すことではないでしょう。告白とは、そのようなものがあるとすれば、告白不可能なものを告白しなければならないし、赦しとは、そのようなものがあるとすれば、赦しえないものを赦さなければならない——したがって不可能なものをなさなければならないでしょう。もし「共に生きること」の条件がそのようなものなのだとすれば、それは不可能なものをなすよう命ずるでしょう。

告白不可能なものを宣言すること、表明すること、告解すること、告白すること、それがすでになんらかのテシュヴァー☆6の改悛ないし回帰を前提としているかは私にはまだわかりません。それは巨大な謎なのですが、それを背景にして、今日、告白の舞台の世界化が現われているのです。いたるところで、最近の、あるいは最古の過去への回帰の劇場的なプロセスがあり、しばしば改悛を伴ったり赦しが求められたりしています。修復、補償、和解のプロセスです。どのように解釈しようと、この告白ないし改悛の世界化は、一つの兆しもしくは徴候のようにして、もしかするとある種の「共に生きる」の変容に影響を及ぼしているかもしれませんし、あるいはすでにそうした変容を示しているのかもしれません。このようにしてこそ、あらゆる「共に生きる」が課す第一の命令〔戒律（commandement）〕が——たとえ実践不可能なものであ

☆6 〔編注〕テシュヴァー（ヘブライ語で「回帰」ないし「応答」を意味する）は、ユダヤ教における改悛のプロセスを指している。「テシュヴァーをする」とは「改悛する」ことを意味する。

るにせよ——響いているのかもしれません。

私はこの命令という語を軽々しく用いるつもりはありません。

しかし、「共に生きる」に関してこの「命令」という語の正当化をはじめるのに先立って、最初の告白をしておきたいと思います——私は、最後まで、再びはじめるための準備をすることしかできないでしょう。というのも、このような回帰を定められていないような、自己へと、自己の歩みへと戻るべく、創始性を反復すべく定められていないような「共に生きる」はありえないだろうからです。私は、この場所で、以前、赦しをめぐる大きなシンポジウムが行なわれたことを知っています。☆7 ここ三〇年のあいだ、すなわち一世代もの時間を経て、赦しの舞台に関して世界で何が変わったのでしょうか。赦しに関して、赦しの舞台が「共に生きる」について巻き込むものに関して、なにか新しいことはあるのでしょうか。ジャン・アルペラン★2が、「いかに共に生きるか」という主題をこの会合のために選んだことを知らせてくれ、私にそこへの招待という名誉を与えてくれたとき以来、近親者（proches）に関すること、隣人（prochain）に関すること、馴染み深さ＝家族性（familiarité）そのもの、さらには家族についてなにごとかを語るこれらの近しく、馴染み深い語と別のしかたで生きているということを告白しましょう。私の近親者たちを、さらには私の隣人を定義するためには、既知のいかなる近さ（proximité）も、とりわけ時間的、空間的な近さも十分ではないということが知られているとき、

☆7 〔編注〕一九六一年の第四回フランス語圏ユダヤ人知識人会議のこと。*La conscience juive. Face à l'histoire?: le pardon*, Éliane Amade Lévy-Valensi et Jean Halpérin (dir.), Paris, PUF, 1965.

★2 ジャン＝アルペラン（Jean Halpérin, 1921-2012）は、ドイツ生まれでフランスに育ち、第二次大戦以降はスイスで活躍したユダヤ人知識人。ジュネーヴ大学やグルノーブル大学で経済史やユダヤ思想を教えるかたわら、ジュネーヴにて国際連合の翻訳部門にも務めた。フランス語圏ユダヤ人知識人会議では設立当初から準備員会のメンバー、のちには会長として、中心的な役割を担った。

隣人とは何でしょうか。私の隣人は、空間的にも時間的にも私から非常に隔たったところで生きるまったき他者たる〔まったく別の生物たる〕異邦人でもありえます。この真理のためには、テレビや携帯電話を待つこともありませんでした。これらの語、「共に生きる」および「いかに」は、つまり、絶えず私と共にあったわけですが、とはいえ同時に私のもとから立ち去りもしたのであり、その馴染み深さそのものにおいて、よりいっそう異質に、異邦に、謎めいたものになったのでした。「共に生きる」、そう、しかしそれは何を言わんとしているのでしょう。「いかに」を知るよりもまず、何を。それは、簡単で明白なことであると同時に（いかに別様に生きることなどできましょう）、逆に、到達不可能なものの常なる約束なのではないでしょうか。この文句の調子は、表題のなかで宙吊りにされ、文脈から外れて、非常に落ち着きのないままです。この文句を一方ないし他方へと傾かせるような潜在的な節があれば、それによってこの文句は、実践的な落ち着きを帯びた調子と悲劇的な情念を帯びた口調のあいだを、哲学的な知恵と絶望した不安のあいだを揺れ動くでしょう。知恵のほうはわれわれにこう教えてくれます。生きること、それはつねに「共に生きること」であり、そしてそうしなければならないのだから、ただ「いかに共に生きなければならない」かを学ぼうではないか。規則、規範、行動基準、準則、さらには倫理的、法的、政治的な判例を規定しようではないか、と。しかし、絶望がこれに異議を唱え、こう応答します。「なんだって（Comment）？　だがいか《コマン》に共に生きるのか。けっして私はそこにいたることはないだろうし、君はそこにいたることはないだろうし、彼／彼女はそこにいたることはないだろうし、私たちはそこにいたることはないだろうし、あなたたちはそこにいたることはないだろうし、彼ら／彼女らはそこにいたることはないだろう」――そしてこのような人称の変化は、同じ懸念のいっそう深刻な逆説を語ってもいます。「いかに共に生きるか」を問うためには、誰が誰に問いを向けるのでしょうか。あるいは、「共に生きる」は、この問いについての懸念のためにわれわれがわれわれの孤独のうちで震えるやいなや、そしてわれわれの絶望を告白する、そう、それを宣言し共有するやいなや生じるのではないでしょうか。

　これらの「共に生きる（vivre ensemble）」という二つの語、共に歩み、共にうまくいっていることの対をなす語、これらは不可能な婚姻のことを考えさせてくれますが（婚姻していないカップルについて、しばしば、この二人は「共に生きている（同棲している）」と言うことがあります）、これらの語はしたがって、一種の慎み深い、非連続的な省察を通じて、一つの総体《アンサンブル》のうちに閉ざされることなく共《アンサンブル》に歩む二つの語のようにして、私に付きまとってきたと同時に私を見捨ててきたのです――そして副詞の「共に《アンサンブル》」と名詞の「総体《アンサンブル》」のあいだにはすでに離別が告げられていたのですが、そのことはのちほど重視しましょう。これは強烈な強迫観念をなしていますが、この強迫観念は、私がただ一度だけ、このようなシンポジウムに、参加することなく付き添ったときの記憶のために、しばしば和らげられることがあります。参加することなく付き添うこと（assister sans participer）、それは「共に生きる」ことなのでしょうか。フランス語圏ユダヤ人知識人と言われる人々とともに、あるいは彼らのためにいかに「共に生きる」のでしょうか。それは単に私の問いだけではありません。その他の多くの問いをはらんでもいます。つまり、私はこのシンポジウムに、かなり以前に、おそらく六〇年代、たぶん一九六五年に、参加することなく付き添ったのでした。☆8 エマニュエル・レヴィナスの近くで、彼の隣で、もしかすると彼と共に。実のところ、私がそこにいたのは彼のおかげ《グラース》であり、彼のほうを向いていたのでした。今日もまた、ちがったかたちでではありますが、そうです。これもまた、敬服していた友の名をまず称えたいときに、人は死者と「共に生きる」こともできるということを喚起させる一つのやり方でしょう。これはまもなく私の結論ともなるでしょう。そこで私は最終的にイェルサレムへ回帰して、あなたたちに、この都市の墓地への私の最初の訪問がどういうものだったのかを語るつもりです。その都市の総体《アンサンブル》、その都市と〈共にあること〉についてはさらに考え続けねばならないのですが。死者たちと「共に生きる」こと、それは偶然でも奇跡でも常軌を逸した話でもなく、実存の本質的な可能性です。それがわれわれに思い起こさせるのは、「共に生きる」においては、生の観念は、還元できないままであるとはいえ、単純なものでも支配的なものでもないということです。もはやいない人々、もはや現前しないだろ

☆8〔編注〕前注で指摘した一九六一年のシンポジウムのことである。

う、あるいはもはや生きていないだろう人々の過去と「共に生きる」こと。あるいはまだ現在において生きてはいない人々の予見しえない未来と「共に生きる」こと。もしこのことが、〈自己と共にあること〉の、――こうして分有ないし分割され、とり囲まれ、多重化されたり引き裂かれたり、開かれたりし、いずれにしても自らの現在そのものにおいて時代錯誤的で、同時に増幅され、喪によって、あるいは他者それ自身の約束によって解体されたり、自己よりも大きかったり、古かったり若かったりする他者の約束、自己のもとで自己の外部にある他者の約束によって解体されたりもする、そうした自己において――自己と「共に生きる」ことの、これもまた忌避しえない可能性をなしているのだとすれば、そのときには、「共に生きる」ことは、純粋かつ単純な現在において「生きること」の単純さをもはやもってはいないでしょう。現在的な総体、生き生きとした現在の、自己へと現前する総体がもつような、自己と共時的で、一種の全体のうちで自分自身に結合された自己の密着、自己との合致をももっていないでしょう。還元しえない過去および未来の他性が、「共に生きる」ことから、自己への現前ないし自己同一性の充満を差し引いてしまうのです。「共に生きる」が何を言わんとしうるかを考えようとするためには、したがって現在における他者の近さと呼ばれるものに対し――しかも単にテレビからインターネットや携帯電話にいたる、さらには無線情報伝達や衛星情報伝達にいたる技術によってばかりでなく――何が生じるのかを考慮する必要があります。過去と未来の他性、記憶と約束の、喪と期待の還元しえない経験、これらが前提としているのは、なんらかの断絶（rupture）です。この同一性、この全体性、この自己への現前の成就が中断されることです――それは、ここでは「共に生きる」という表現における副詞とは区別して用いる「総体《アンサンブル》」と呼ばれるものにおける、総体という名詞の破断的な開放です。このことは、われわれが共に熟考しなければならないことにとって、単に倫理的、法的ないし政治的な帰結ばかりでなく、あらゆる種類の帰結なしにはすまないでしょう。「共《アンサンブル》に生きる」という表現における副詞がその意味および品位を見出すのは、それが、名詞の「総体《アンサンブル》」の権威、すなわち、一つの総体の閉域を超過し、脱臼させ、それに異議を唱える場合にしかないように見えます。この総体とは、「生けるもの」の総体、体系の総体、全体性の総体、欠落なく自己自身に同一的な密着の総体であってもよいし、自らの内在に自らを含みもち、全体のようにして自らの諸部分よりも端的に大きなものである不可分の一要素の総体であってもかまいません。総体の権威は、あらゆる「共に生きる」ことにとってつねに最初の脅威となるでしょう。そして逆に、どのような「共に生きる」も、総体に対する最初の抗議ないし異議申し立て、最初の証言となるでしょう。

まだはじめる前にいるのですが、私はそれゆえ、エマニュエル・レヴィナスがその日、私にこっそりと言ってくれたこと、彼が亡くなった日に私が言及したことを思い起こしているわけです。私としては、ことがらをいっそう想像しやすいものとするために、歴史家のレトリックがしばしばそうしているように直説法現在で語ることにしましょう。レヴィナスはその日、生きていようといまいとユダヤ人たちにとって、「共に生きる」が何を言わんとしているかについて、別のしかたで響く語を用いています。アンドレ・ネエルが話している最中に、レヴィナスは私の耳元でこうつぶやくのです。「おわかりでしょう。彼はプロテスタントで、私がカトリックです」。このエスプリの利いた語は無限の注釈を呼び求めるかもしれません。私はそこから次の問いを取り上げることにしましょう。われわれがそこに聞きとっている真剣さの深みと皮肉の軽薄さを含ませつつ、この言語を用いるためには、ユダヤ人思想家とは何でなければならないのでしょうか。（いかなる改宗や列聖とも異なり、またわれわれがのちほど語るつもりの改悛の教会的な大舞台の外で）カトリックを自称するユダヤ人は、プロテスタントと想定されたユダヤ人といかに「共に生きる」ことができるのでしょうか。その彼と共にユダヤ人でありつつ、そしてありそうかありそうでないかはともかく、自分のことをそれほどカトリックだとも感じなければ、とりわけプロテスタントだとも感じないような、――この場合には私のような――また別のユダヤ人にそのように打ち明けつつ、いかに「共に生きる」ことができるのでしょうか。ネエルともレヴィナスとも異なるユダヤ教の岸から、地中海の対岸からやって来たそのユダヤ人は、すぐさまこの二人組のうちに、あるいはユダヤ－カトリック－プロテスタントというアブラハム的三角形のうちに、イスラム－イブラヒム的なものの不在を指摘するのですが。そして私があまりにもよく、かくも近くで知っているようなユダヤ人、ユダヤ人としての自分自身とともにいることにも、自分自身一般とともにいることにも一度も確信したことのないユダヤ人、自己との解離によってますますユダヤ人でなくなると同時によりいっそうユダヤ人になるという仮説にあえて立ち止まろうとしないユダヤ人――このように分有された、あるいは分割されたユダヤ人はどのようにこの指摘を受け入れることができたのでしょうか。そのようなユダヤ人は、どのようにその文字を、それに否定しがたく息を吹き込んでいる精神に基づいて受け入れることができたのでしょうか。つまり、これらの差異、解離ないし未決定のどれも、われわれにはるかに先立ってわれわれのために決断を下していたある種の「共に生きる」の複雑さ――私としては、想定されている友愛、親近性、複雑さをこのように呼びます――に手をつけることはできなかったということを受け入れることができたのでしょうか。ユダヤ教への安定した、また決断可能な帰属を確信しているかはともかく、互いにかくも相異なる、自分たち自身において、自分たちの根底においてかくも相異なるユダヤ人たちによって連帯が共有されうると言うならば話は別ですが。私としては、長い議論を経て、自分の署名を、単なる礼儀正しさから消去することが無責任だと思わなかったら、おべっかを使っているように見える危険を冒してまで、自らの思い出に語らせることはなかったでしょう。その署名をするユダヤ人知識人にとって、「共に生きる」は単に万人に共通の問いであったばかりではありません。非ユダヤ世界との「共に生きる」のほうが、世界中のあらゆる形態のユダヤ人共同体と呼ばれるものとの「共に生きる」の問題よりも巨大かつ喫緊のものだったというわけでもありません――私の世代にとっては、まずは、アルジェリアのユダヤ人共同体、アルジェリアの複数のユダヤ人共同体です。アラブないしベルベルの共同体、アルジェリアのフランス人共同体、フランスのフランス人共同体、イスラエルの共同体、イスラエルの複数の共同体、さらにそれ以上あります。もし私が、「私はユダヤ人である」という自分にとって忌避も否認もできないままであるもの――しかも「私はまずはユダヤ人である」ではなく「私はすでに、長いあいだユダヤ人であり、なんとしてもそれを引き受けることになっている」ということ――に信頼を寄せるにしても、この取り返しのつかないものの経験は、つねに、ユダヤ人共同体における――そしてまずはユダヤ人としての自己との、そして一般的な自己との――「共に生きる」が言わんとしうること、巻き込みうることについての無限の不確かさを許容してきたし、さらにはそれを要請してきたのです。私がレヴィナスの言葉を思い浮かべるのは、この苦悩においてです。彼についての評伝のなかで、フランス語圏ユダヤ人知識人会議について割かれた章には、その場に相次いで立ってきた講演者たちの印象深い一覧があります。そこでは次のように読むことができますが、私はその未来形を強調して引用したいと思います。「[……]しかし、ユダヤ系の出自をもつフランス人哲学者のなかで、ジャック・デリダの姿をそこに見ることはないだろう」。☆9 あたかも私が死んでいるかのようです。あるいは、この会議が任務を終えたかのよう、あるいはピエール・ブーレッツが先ほど私たちに素晴らしく語ってくれたこの〈仮庵〉の移動に終止符が打たれたかのようです。☆10 この虚構的な未来は、前未来のような意味をもっていますが、それはもちろん、先ほど私が用いた現在形と同様に、過去についての歴史家の明白な文法に属していたのでしょう。しかし、私の先ほどの現在形と同様に、その軽薄さを通じて、別のことが示し出されます。予言の軽薄さは、時間についていくらかのことを考えさせてくれます。すなわち、「共に生きる」に関して何が「到着」しうるのか、「共に生きる」へと何が到着しうるのかについて、そして到着するもの、到来ないし出来事と、「共に生きる」とのある種の関係についてです。この出来事と「共に生きる」の関係についてこそ、私はあなたたちにお話しすることができればと思っています。この観点では、不安定な同意や帰属、何某のユダヤ人が、ユダヤのおよびフランスの——イスラエルのとはまだ言わないにせよ——共同体において、自らの「共に生きる」から区別されている、あるいは端的に自分自身との「共に生きる」から区別されているという煮えきらない様態、これこそが、私が告白を開陳したい未決定、さらには不可能性の一つであり、そこからいくつかの帰結を引き出したいと思っているものなのです。

☆9 〔編注〕Marie-Anne Lescourret, *Emmanuel Lévinas*, Paris, Flammarion, 1994, p. 170.

☆10 〔編注〕Pierre Bouretz, « Par les portes des larmes?: fraternité, hospitalité, humanité », dans *Comment vivre ensemble?*, *op. cit.*, pp. 29-63.

したがって私は、先に述べたように、「命令〔戒律〕」という語を軽薄に用いているわけではないし、ある人々によればユダヤ人知識人の会合とはそうでなくてはならないとされるものの精神に合わせるためにそうしているわけでもありません。そうではなく、フランス語の固有表現としては、「いかに共に生きるか」という、不定法の、特定の主語のない、動詞に次いで副詞というかたちで言われるこの表現について、その黙した省略の簡潔さにおいて理解されるのは、抗いがたい必然性、さらには生死にかかわる必然性でありつづけているものへ避けがたく召喚されているということなのです。「共に生き」なければならない、ということです。「共に」という副詞と共に、「生きる」という不定法は次のように厳命してきます。少なくとも、次のように言外にほのめかすようになっています。すなわち、「共に生きる」こと、それが必要である。まさしく〔よく(bien)〕「共に生き」なければならない。いずれにしても、どのようなしかたでも、「共に生きる」、それが必要である。まさしくそうしなければならない。

　この「しなければならない」は、「まさしくしなければならない」の「まさしく〔よく〕」と同様、あらゆるかたちに転調させることができます。もしわれわれがある楽器で音階練習をして、自分の弦の音程の正確さを確認し、正しい音に耳を傾けるとすれば、あるいはいずれにしてもあまりにずれてはいない音に耳を傾けるとすれば（どれほど合致が困難であるか、「共に生きる」という調和が稀でつねにありそうもないものかを考えさせるために少し調子を狂わすようなときに、ずれた音、正しくずれた音がぜひ必要とされるのであれば話は別ですが）、この奇妙な表現（「共に生きる」）の倍音を聞くことになるかもしれません。実際、他の言語にも十分厳密な同等の表現が見出されます。このフランス語の固有表現は、事実上も権利上も、ユダヤ教のことよりもいっそう、ユダヤ性に対する想定された同一の帰属感情のことよりもいっそう、今晩ここにいるわれわれの〈共にあること〉の要素をなしていますが、この表現に従うと「共に生きる」ことの含意は、最善の場合から、次善の場合を経て、最悪な場合まで区分されます。こちら側には到達しえない理念があり、あちら側には、それ自身として善いものとも、中立的なものとも、地獄のようなものとも感じとられうる宿命があるという具合です。「共に生きる」の最善の場合は、しばしば平和という、謎めいた概念――そのようなものがあるとすれば――に結びつけられてきました。時間があれば、カントからレヴィナスにいたるまで、平和について辛抱強く省察できればよかったのですが。つまり、永遠平和ないしメシア的平和についてです――それへの約束が平和の概念そのものに属しているのであって、この約束ゆえに、平和の概念は、休戦や停戦、あるいはさらにいっさいの「和平プロセス」から十分に区別されるのです。パレスチナ人とイスラエル人は、平和が（単に休戦、停戦、「和平プロセス」ではなく）身や心にまで到来する日にならなければ、本当に共に生きることはないのでしょう。そのときには、権力をもった人々、あるいは端的に、まずは賢明にも一方的なかたちでイニシアティヴをとることの権力――国家権力であれ、経済的ないし軍事的であれ、国家的ないし国際的な権力であれ――をもっとも有した人々によって必要なことがなされていることになります。根底では、今晩私が語るつもりの問いとは、次のような告白におけるイニシアティヴの問いとして要約できるかもしれません。誰がイニシアティヴを取りうるのか、あるいは取らなければならないのか。平和ないし和解のアプローチにおいて、今後来たるあらゆる交換や相互性に先立つ一方的な決断は誰に帰されるのかというのがその問いです。しかし、「まさしく共に生きる」のもう一つの含意は、やむをえない場合に関するものですが、これは平和を待つことはしません。それは「まさしく共に生きなければならない」、選択はない、というものです。もちろん、そこにはつねに必要性が、つまり掟があります。すなわち、いかにすべきかも、誰といっしょかもわからない場合であっても「共に生き」ないということはできないということです。神といっしょかも、神々、人間、動物といっしょかも、身内、近親者、隣人、家族ないし友達といっしょかも、同国人ないし同郷人といっしょかもわからないし、あるいはまたもっとも遠い異邦人といっしょかも、自分の敵といっしょかも、自分といっしょかも、自分の同時代人といっしょかも、もはやそうではない人々やけっしてそうならない人々といっしょかもわからない。これらの名は、私が日常の言語から汲みとったものですが、私はまだ、われわれがそれらが何を指しているのか知っているとは想定してはいません。とはいえ、この掟の体制、「しなければならない」と、さらにまた「まさしく〔よく〕共に生きなければならない」の「まさしく〔よく〕」の体制は、別様でもありうるとわれわれは感じています。われわれは（この例を挙げてあなたたちは驚くことはないでしょうが、それに代えていくつもの事例を挙げることは可能です）、イスラエル人とパレスチナ人、イスラエル人と中東のアラブ人は、すでにまさしく「共に生きる」ことをしなければならないし、まさしく＝よくそうしなければならないでしょう。同様に、イスラエル人たち同士も（このことはつねにもっとも容易なわけではなく、別の問題が解決済みであることをしばしば前提としています）、「即時和平」に賛成しようがそうでなかろうが、――奇妙にもこう言われるように――正統派であろうがそうでなかろうが、「共に生き」なければなりません。イスラエル人およびディアスポラのあらゆるユダヤ人にとっても同様です（この語は、彼らが望もうが望むまいが、散逸というカテゴリーのもとでだとしても、ユダヤ人を一つの総体のなかで独断的に分類しています）。彼らが信仰をもっていようがいまいが、「和平プロセス」と呼ばれるものに好意的であろうがなかろうが、ここそこで、良心に基づいてあるいは臆面もなくこのプロセスを妨害することに同意する人々に賛成しようがしまいが、ええそうなのです、こうした人々はすべて、まさしく「共に生き」なければならないのです。

　というわけで、われわれがここでわれわれの言語だと宣言しているものを変調させることで、「まさしく共に生きなければならない」のこれらの「まさしくしなければならない」は、つまり、両立不可能にまでいたるほどの異質な価値をもちうるわけです。そこには、少なくとも次の二つの価値があるでしょう。

一方では、「まさしくしなければならない」は、まさしくいやいやながら共に生きなければならないと告げることができます（しばしば、イスラエルと中東の国々は、本来的な平和がないために、まさに共－存（*co-exister*）、同－棲（*co-habiter*）、協－力（*co-opérer*）、協－働（*col-laborer*）しなければならないと示唆されるときのように、憎悪ないし戦争の場合がそうです。これらもまた、同じ空間、同じ時間のなかで、不信や無関心や宿命の甘受のなかで生きることの様態ですし、さらには共に死ぬことの様態です）。冷たいものであろうとなかろうと、戦争は、またアパルトヘイトですらそうでしょうし、さらにまた敵対者たちとの平和的な共存や――第五共和政における意味でのものも含む――同棲《コアビタシオン》★3もそうですが、「共に生きる」ことにうまく納得しあわないという代価があろうとも、「まさしく共に生きなければならない」の形態なのです。そして第五共和政における意味での同棲《コアビタシオン》〔保革共存〕のもと、現在、偶然にではなく、「共に生きる」に関してフランス共同体を分割するような、意見の分かれる主要な争点が提示されています。今日、ヨーロッパおよび社会正義に関する何千もの問題に加えて、いっ

★3　コアビタシオン（cohabitation）とは、字義通りには同居、同棲など共に住むことを意味するが、フランス政治においては、直接選挙で選ばれる共和国大統領と、国民議会の多数派を占める政党から選出される首相との所属政党が異なる場合にこの表現を用いる（「保革共存」と訳される場合が多い）。デリダの講演が行なわれた一九九八年では大統領が保守派の共和国連合のジャック・シラク、首相が社会党のリオネル・ジョスパンであり、まさしく「保革共存」であった。

そう鋭いかたちで、三つの根本的な問題がこの同棲を試練にかけています。これらの問題はもはや単にフランス的なものではありませんが、とりわけユダヤ人にとっては敏感になる問題です。すなわち、移民であれサン・パピエであれ[★4]、外国人への歓待の問題、PACS[★5]および結婚の問題、そして国民的記憶[★6]の問題です。とりわけ（というのもその事例はいくつも増やすことが可能でしょうから）、三〇年代、四〇年代にすら先立つ、第一次世界大戦の記憶の問題です。そこでは一四―一八年の塹壕におけるもう一つのイメージによって、そしてその他の構造化を行なう幻想によって、国民的な「共に生きる」ことにとってのもっとも安心でき、もっとも合意のとれた土台が、しかしもっとも非自然的で、構築された脆い土台が不安に陥ることになるのです。

実際、「まさしく共に生きなければならない」についてのこれらの否定的な仮説においてすら、高次の利益という共通の価値が、相手側、さらには敵対者によってでも受け入れられています。すなわち、死ぬよりは生きるほうがよいということです（そうすると、こうした仮説においては、生きること、生きながらえることは――これがどれほど問題含みのものであり続けるにせよ――無条件の命法となるでしょう）。たとえ同棲が甘受され、武装され、組織化され、ときには契約や憲法やなんらかの制度的な判例によって保証されるとしても、それは、共通の、つまり高次の利益に呼応しているのです。この計算は少なくとも、力強いと同時に脆い次

★4　サン・パピエ（sans-papiers）とは、直訳すれば「紙を持たない」という意味だが、とくに滞在許可証を持たない非正規滞在外国人を指す。一九九〇年代のフランスが移民法改正等により非正規滞在者への対応を強化したことから社会問題化した。デリダもこの問題には関心を寄せており、一九九六年の支援集会で演説も行なっている（とくに、「正義の法への違背／欠如――法・権利から正義へ」櫻本陽一訳、『情況』九（九）、一九九八年を参照）。

★5　PACSとは、一九九九年の民放改正により認められた「連帯市民協約」ないし「民事連帯契約」と呼ばれる制度。異性同士でなくとも共同生活を営むために契約を交わすことで、結婚と同様と権利を得られることになった。

★6　国民的記憶とは、特定の概念や出来事を指して

の三つの公理を前提にしています。

1　この熟慮のうえでの同棲が、未来《アヴニール》の約束を救うよう定められた暫定的な状況を表わしていること、そしてこの未来の未来〔来たるべきこと〕が、これらの否定的な制限や規約にもとづく監視から解放された「共に生きる」という形象を保っていることを前提しないことはできません。来たるべき《ア・ヴニール》本来的な平和、終わりなき、あるいは無限の平和が、この武装された平和ないし休戦にとってのほとんどメシア的な地平をつねになしているのです。ここで諸共同体、諸民族ないし諸国家について当てはまることは、諸家族ないし諸個人にもあてはまるでしょう。

2　この「生きる」が何を言わんとするかについて、生きることは死ぬよりもよいということについて、いくらかの合意があることを前提しないことはできません――このことはまったく自明なことではないのです。「死ぬこと」のなんらかの形態が「共に生きる」ことのなんらかのありかたを表わしていないというのが自明でないのと同様です。共に死ぬこと、モンテーニュが「共死者（commourans）」と名づけた人々にとって、同じ場所で同じ瞬間に死ぬこと、そこに「共に生きる」ことの至高の試練を見る者もいるでしょう。これらの表現における「同じ」は何を意味するのか。この謎にはまだ触れないでおきましょう。

3　この共存ないし同棲のおのおのの相手方が自分自身と同一であること、自分自身と一つにして総体をなしていることを前提しないことはできません。このことは、自明のことではあ

いるわけではないと思われるが、ピエール・ノラが編纂した『記憶の場』（一九八四年―九二年）におけるフランスの集合的記憶を表象する場を描き出そうとする試みが物語るように、とりわけ九〇年代以降のフランスにおいて、第二次大戦をはじめとする国民的記憶の再編成が行なわれたという経緯が念頭に置かれているだろう。

りません。人類であれ、国民ないし国民国家であれ、つまり市民であれ、任意の共同体であれ、市民社会と呼ばれる社会の階層であれ、あるいは端的に家族であれ、おのおのであれ、奇妙にも近親者ないし身内〔自分の者たち〕と呼ばれるものであれ、「私」であれ、「私」と言う者、意識的に――つまり、いくらかの無意識は考慮せずに――決断し責任をもつ者なら誰であれ、そのことは自明のことではないのです。

しかし他方で、「まさしく共に生きなければならない」は、われわれの言語では別のしかたで強調することができます。ここでは「まさしく〔よく〕」に合図が送られ、「まさしく共に生きる」は、根本的ないし先行的な「共に生きる」を付随的に形容するものではなくなります。ここで、「共に生きる」が言わんとする共に生きるは、「よく、善に従って生きること、すなわち単なる生きること、安楽〔良き生〕の、処世術ないし生きる術のなんらかの良好感〔*euphorie*〕だけではなく、信頼、合意、融和の善に従って生きること」でしょう。「共に生きる」に内属しているこの「よく」については、これを平和、調和、合意ないし和合から切り離そうなどとは、道理をわきまえると（しかしこの道理こそわれわれがここで問いただしているものなのですが）誰も考えないでしょう。ここで「共に生きる」が「よく共に生きる」を言わんとするとすれば、それは信頼のうちで、善意のうちで、信のうちで意見を通じ合わせること、理解しあうこと、一言で言えば合意しあうこと（s'accorder）を意味するでしょう。なぜここで合意しあうことについて語るのでしょうか。なぜ、合意、融和、さらには「憐憫」や共感などの心〔cœur〕の言語なのでしょうか。★7 共感は、いささか性急にではありますが、テシュヴァーの有無はともかく、「赦し」の問いにわれわれを近づけることになります。心の言語がわれわれに思い起こさせるのは、この「共に生きる」の平和は、正義や衡平の平和であったとしても、必ずしも掟としての掟のもとにあるわけではない、少なくとも、合法性、（国内的もしくは国際的な）法ないし政治的契約の意味での掟のもとにあるわけではないということです。そして私はここで、しばしばそうしているように、正義と法とを区別することになるでしょう。といっても、両者を対立させるわけではないのですが。もう一度、フランス語の固有表現に耳を傾けてみましょう。たとえば、一組のカップルのパートナー同士（男と女、男と男、女と女）が「共に生きる」のは、法や制度的な結婚義務の外部で、さらにはPACSの外部で、両者が自由に、共通の合意によって、自分たちの生、時間、生活の場（地に足のついた地）を共有することを決断するときであり、さらには自分たちの歴史の時間や場とともに、自分たちの記憶や喪とともに、一つの世代の未来を、彼ら彼女らが産んだり養子縁組したりする子供たちの未来を共有すること等々を決断するときです。（PACSや一四年の戦争の反乱者たちへの私の言及はここからきています。まだそのうなりは目立たないままですが、これらは、二つの地震を告知して

★7 「心の言語」としたのは、langage du cœur である。一方では、すぐあとで言われるような法の秩序における「平和」と、それを超過する「心から」の「平和」が対置されていると見ることもできるが、他方で、ここでデリダが挙げている合意（accord）、融和（concorde）、憐憫（miséricorde）といった語が、心（cœur）と同様、語源的にはすべて（ただし「共感（compassion）」を除く）、ラテン語で「心」を表わす cor, cordis に由来していることが念頭に置かれているだろう。

います）。このことは「共に生きる」が法の規範性や結婚からの断絶を要求するということではありません（結婚した二人もよく「共に生きる」ことはできるし、合法性も「よく共に生きる」ことを排除しません）。そうではなく、（ＰＡＣＳがあろうとなかろうと）もっとも安心をもたらすような法的な規範性の場合であってすら、私がここで省略法によって心と名づけているなにかしらのもの、つまり愛ないし心の平安、結合（fiance）、合意ないし融和が、国家の法ないし法体系によって保証された契約を超過するかぎりにおいてしか、「よく共に生きる」はないということです。それゆえ、私がさしあたり分析するだけで満足しているこの固有表現の使用において、「共に生きる」のなんらかの倫理が巻き込まれているように見えるとしても、その倫理は規約的なあらゆる条件を超えた合意を前提としているのです。それは、必ずしも、こうした条件と矛盾するものではありませんが、――単に夫婦、同国人、同郷人、同族者、同じ宗教に属する者に限られず、異邦人、他者、徹底的な他者にとどまるような――二人のあいだ、あるいは男であれ女であれ一人以上の者たちのあいだに結ばれる、法的、政治的、国家的な紐帯の規範性を超えたものであり、またその規範性を経由したものなのです。「共に生きる」の平和は、したがって、法を超過し、さらには政治的なものを超過します。いずれにしても、国家的なもの、国家の主権性によって規定された政治的なものを超過します。この「共に生きる」は、規約的ないし制度的な（法的、政治的、国家的な）紐帯に還元できないまさにその地点で、同じ必要性に対してもう一つの次元を開きます――だからこそ私は他者、異邦人について、規約的な協定（convention）を超えた全き他者への歓待について語ったのです。「よく生きることの」の「よく〔善（bien）〕」は、自然な関係性も協定的な関係性も遮断されることを前提とします。それは、絶対的な孤立、分離（séparation）、侵しえない秘密と呼ばれるこの端的な遮断（interruption）を前提としてすらいます。この分離（これはレヴィナスの大きなテーマでもありました）とは、すべての「まさしく共に生きなければならない」を――それと矛盾することなく――開く当のものでもあります。あらゆる逆説ないしアポリアを経由すると――私はまもなく、告白しなければならないのはまさにこれらのアポリアだと主張するにまでいたるでしょう――、同一の自然的、有機的ないし生ける総体の諸部分が共に生きるのだと言うことはできないでしょう。「共に生きる」という表現における副詞「共に」は、もはや自然的、生物学的ないし遺伝的な全体性や、この有機的な隠喩に釣り合っているとされる一つの組織体やなんらかの社会体（家族、種族、国民）の凝集を指すのではありません。したがって、「共に生きる」は、規約的な協定や法に対しても、共棲（symbiose）に対しても、つまり共棲的、群居的ないし融合的な共に生きるに対しても遮断的な超過を前提としているのです。ここで問題となっていることがらはあまりに甚大であって容易には受け入れられないようにも思われますが、私としては、共棲的なものに限定されるような、共棲的なものないし有機的なものの形象のもとで規制されるような「共に生きる」はどれも、「共に生きる」の意味および「しなければならない」への最初の違背となるとすら述べるにいたるでしょう。以上が二重の、逆説的な命令です。これは、共に生きるという固有表現に、言い換えればその様態のなかにすでに書き込まれているものです。「共に生きる」は、有機的な共棲にも、法的‐政治的な契約にも還元されません。自然もしくは誕生による「生」にも、血にも地にも、協定、契約ないし制度に従った生にも還元されません。「共に生きる」ことが可能だとすれば、それは、西洋において、ほとんどすべての形而上学、ほとんどすべての社会的紐帯についての解釈、共に生きることについてのほとんどすべての政治哲学ないし社会学を条件づけているあの古い概念の対、すなわちフュシス／ノモス、フュシス／テシス、自然／協定、生物学的な生／法というこの古い対を試練にかけることになるでしょう――法については、私は、これまで以上に、これを正義から、「共に生きる」の正義から区別しています。「共に生きる」こと、「共に生きる」の「生きる」こと、そして「いかに共に」が考えられるのは、この自然／文化という対立に基づくあらゆるものの彼方に赴くことによってのみでしょう。言い換えれば、すべての、ほとんどすべての彼方に、です。自然の掟〔法則〕に対すると同時に文化の掟に対するこの超過、これはつねに総体に対する超過ですが、私はそれがもつ困難を軽薄に捉えているわけではありません。その困難はほとんど思考不可能、まさに不可能性すれすれのところにあるものです。

この超過が意味しているのは、非合法的な掟であれ、非法律的な正義であれ、掟が、「まさしく共に生きなければならない」の意味および「しなければならない」を命ずるのをやめるということではありません。それは、いかなる掟でしょうか。どのような様態においてであれ（そしてこの様態は多数あります）、「自らをユダヤ人だと宣言する」ことは、この掟を超えた正義、掟を超えた掟への特権的な経路を与えることなのでしょうか。

この論点を哲学的な分析の作法で展開するにはわれわれには時間が足りません。その場合には、いくつかの普遍的で非人称的な構造に言及し、多くのテクストに呼びかけることになるでしょう。「自らをユダヤ人だと宣言する」という表題のもと、私はあなたたちにこう打ち明けましょう——もしかするとそれは告白することかもしれないのですが。すなわち、これらの哲学的な必要性がまずもって私に課せられたのは、あなたたちが「フランス語圏ユダヤ人知識人」と呼ぶものになる前に、まずは三つの戦争のあいだ（第二世界大戦の前、あいだ、後および前述のアルジェリア戦争の前、あいだ、後）にフランス領アルジェリアの若いユダヤ人であった者のささやかな経験を通じてであったということです。西から東まで、イェルサレムと同じくらい豊かで多くの、また多様な歴史的共同体を抱えた国にあって、このユダヤ人の子供が、文化、言語、さらには民族についても多様で平和的な帰属を夢見ることができたのは、分離、拒絶、断絶、排除といった非‐帰属の経験を通じてにほかなりませんでした。遠慮せずに一人称でまったく長い演説を行なうとすれば（とはいえ、複数の「一人称」のあいだでのほかに「共に生きる」ことはあるのでしょうか）、私は、戦中のアルジェリアにおけるフランス当局の反ユダヤ主義が熱烈であった時期に、学校から排除されてもなにも理解していなかった少年を突き動かし、次の二つの「共に生きる」に対してつねに反抗するようしむけることとなった矛盾する運動を描くでしょう。それは、人種主義的な群生、つまり反ユダヤ主義的な隔離に対する反抗であると同時に、いっそうおぼろげに、おそらくいっそう告白しえないかたちでなされたものですが、ユダヤ人共同体の保守、自己防御をめざす閉じこもりに対する反抗です。ユダヤ人共同体は、自然にも、正当にも、自己防衛しようと、この外傷的な試練に対し自らの総体を構成ないし再構成することを求め、閉塞し、私にとってはすでに一種の排外的、さらには融合的な共同体主義と感じられていたものへとエスカレートしていました。私が語っているこの子供は、「共に生きる」が何を意味しうるかを理解しはじめていると思い、非反省的にも、反省的にも、二つの側から、二つの排外的――つまり排除する――帰属から断絶しなければなりませんでした。彼が当時支持することができるとみなしていた、その名に値するとみなしていた唯一の帰属、唯一の「共に生きる」は、すでに、同一化や全体化を行なう帰属、同質的な総体において自己を確信した帰属からの断絶を前提としていたのです。この子供は、反省的にも、非反省的にも、心の底では、「共に生きる」が意味しうることに関して、二つの矛盾することを感じていました。一方では、彼は自分の身内、近親者、さらにユダヤ教を裏切るおそれがあるのではないか、そのことを自分に対し、さらには他者たちの前で、神の前で告白しなければならないのではないかと感じていました。しかしまた他方では、この分離によって、この断絶によって、さらには、共棲的な共同体主義や群生的な融合による共同体主義を超えた、この分離において市民権を超えてすらいる一種の普遍性への移行によって、自分がむしろある種のユダヤ的使命に忠実だったということもありうるのではないかとも感じていました。この表現のもっとも両義的な意味で、唯一かつ最後のユダヤ人にとどまるおそれがあるほどにです――この少年は、五〇年後に、別のところで、自分の秘密の文化あるいは自分の文化の秘密にいたるまで失う危険を冒す一種の逆説的なマラーノのように自分の姿を示したりあるいは隠したりすることで、この表現を――それで戯れることなく――利用することになるでしょう。[☆11] というのも、この孤独の奥底では、この子供はこう思いはじめたはずで、おそらくこう考えるのをやめたことはなかったのでしょう。すなわち、どのような「共に生きる」も、自らの条件そのものとして、このような特異な、秘密の、侵しえない分離の可能性を前提としており、そうした分離から出発してのみ、一人の異邦人は歓待において一人の異邦人と互いに調和するのだ、と。一人の異邦人、――「我が家」のとりうるあらゆる形象のもとで――「我が家」にいる異邦人とともにしか、そのような異邦人としてしか共に生きることはない、総体が形成され

☆11〔編注〕多くのもののなかから、以下を参照。J. Derrida, « Circonfession », dans *Jacques Derrida*, avec Geoffrey Bennington, Paris, Le Seuil, 1991; « Un témoignage donné... », dans *Questions au judaïsme. Entretiens avec Elsabeth Weber*, Paris, Desclée de Brouwer, 1996. および本書所収の「アブラハム、他者」（九四頁）も参照。

たり閉鎖されたりしないところにしか「共に生きる」はないと認めること。共に（副詞）生きることが「総体」（名詞、実詞）の、つまり実体的で、閉鎖され、自己同一的な総体の完全性、閉鎖ないし凝縮に異議を唱えるところにしか「共に生きる」はないと認めること。約束や記憶、メシア的なものや喪の作業なき喪や治癒なき喪の名のもとで、自分よりも大きく、自分よりも古いと同時に新しいような他者との、もしかすると到来する、あるいはこれから到来する、さらにはもしかするとすでに到来している他者との、非対称性、アナクロニー、非‐相互性を受け入れるところにしか「共に生きる」はないと認めること。――そう認めるところにこそ、掟を超えた掟の正義があるのであり、われわれが先ほど、自然的ないし有機的な（遺伝的ないし生物学的な）総体にも、法的‐制度的な総体にも内包されず、汲み尽くされず、命ぜられることのない「共に生きる」と述べたものと合致すると考えられる逆説があるのです。そしてこのことは、こうした自然的ないし制度的な総体（組織体、家族、隣人関係、民族、国民国家など、その領土的空間や歴史的時間を伴いつつ）にいかなる名を与えようともそうなのです。このようなユダヤ的普遍主義と異邦人の尊重の結びつき――これこそレヴィナスが、まさにこの場所で、テシュヴァーをめぐる「ヨマ篇」のテクスト注解を行なうその講話「他者に対して」において喚起していたものです（できればそうしたかったのですが、この講話を子細に検討する時間はないでしょう）。レヴィナスはこう述べています。

異邦人を尊重することと、〈永遠なる者〉の名を聖なるものとすることは奇妙な同等性をなしている。それ以外のものは死した文字である。それ以外のものは絵空事である。［……］神の似姿は、象徴よりも異邦人に与えられる権利においていっそう尊重される。普遍主義［……］は文字を破裂させる。というのも、それはこの文字のなかに、爆発性をそなえて眠っていたからである。☆12

私が語っている忠実な子供、この孤独に忠実で、特異な遮断を課せられた少年は、大きくなるにつれて、この最初の傷を和らげてはならないと思うようになりました。彼自身が被ることのあった迫害をはるかに超えて、反ユダヤ主義の迫害の記憶が消えずに残り、彼が考え、語り、書き、あるいは教えたことすべてに現前していたとしても、逆に、同じ警戒によって、彼は、共棲的であれ（自然性、生誕、地、血、民族）、（近代的な意味での法的－国家的な）協定によるものであれ、ユダヤ人の「共に生きる」のあらゆる危険に対し、注意を払ってきましたし、今日もなお注意を向けているのです。すなわち、ある種の共同体主義、ある種のシオニズム、ある種のナショナリズムに対し、そして血による継承というモティーフや、場の領有、さらに選びというモティーフが、この自然ないし協定という矢床に挟まれたままとなるリスクがある

☆12　Emmanuel Lévinas, *Quatre lectures talmudiques*, Paris, Minuit, 1968, p. 61〔エマニュエル・レヴィナス『タルムード四講話』内田樹訳、人文書院、一九八七年、六五―六六頁〕

ときに――私がまさにリスクと言うのは、これが宿命的なことではなく、そこに責任の契機が見出されるからです――、それらから生じうるあらゆるものに対してです。この大人になった子供にとって、この不安を研ぎ澄ますことができた哲学的および政治的な分析のすべてをここで展開する時間はありませんが、この不安は、にべもなく、そしてしばしば容赦なく、私とともにあったし、いまもあり続けていると宣言しなければならない、あるいはお望みであれば告白しなければならないでしょう。この不安は、前述の子供を、現在のイスラエル政府の政治に対し、それに先立つ多くの政府に対し、しばしば公的なかたちで対立するよう促してきたのですが、とはいえまたイスラエルという近代国家が樹立された条件について、もっとも不眠症的なかたちで問いかけ続けるよう促しもしてきたのでした。私がそのことを隠しておく権利がない場があるとすれば、それはまさしくこの場でしょう。すぐさま、急ぎ足で、少なくとも次の二点を付け加えておきましょう。一点目、イスラエルの現在、未来およびその存在に対して脅威や不遜となるような帰結を引き出すことなく、この点に関して徹底的に批判的なままであることは可能です。あるいは逆に、二点目、私の最後のイスラエルおよびパレスチナへの旅行のさいにそれを見てうれしくなりましたが、ある種の創設的な暴力についてのこれらの問い、これらの「回帰」(反省、改悛、意識化)が、何人かのイスラエル人、市民や正統な愛国者たちや、イスラエル国家の新たな歴史家たちから、今日いっそう頻繁に主張されていることに私は気づくことができました。彼らはそれぞれこの過去への回帰から政治的な帰結を引き出すことを決意したのでした。何人かのパレスチナ人も同様です。私が語っている、私を語らせているこの子供は、大きくなるにつれて、「共に生きる」ことの法的-政治的創設はすべて、法権利がまだ存在しないところにそれを樹立するものであるがゆえに、本質からして暴力的であることを理解するようになりました。一つの国家ないし憲法の創設、すなわち法治主義（état de droit）による「共に生きる」の創設は、つねにまずもって、無-法的な暴力です。すなわち、非合法ということではなく、無-法、言い換えれば既存の法に照らしては正当化しえないものなのです。というのも、法が存在していないところに法を産み出すことになっているからです。どのような国家も、それがどのような形態や時間をとろうとも、この暴力なしには設立されませんでした。しかし、私が語っている子供はこう問いました。近代国家イスラエルの創設は――それのあとに続き、それを肯定することになった政治のすべてとともに――、どのような国家も免れていないこの根源的な暴力の多くの事例のなかの一例にすぎないということもありうるのか。あるいはまた、この近代国家は、その他の国家と同様の国家ではないことを欲していたのだから、また別の掟の前に出頭し、また別の正義〔法廷〕に属するのでなければならないのか、という問いです。私がここでこの古典的な問いを喚起しているのは、このような出頭が正当化される審級がもはや国内的ないし国家的ではなくなったさいの、ある種の法の世界化、改悛ないし赦しの要求の舞台の世界化をまもなく考慮に入れるつもりだからです。

私がユダヤ人少年に語らせているのは、あなたたちを簡単に感動させるためでも、アリバイの陰に挑発を忍ばせるためでもありません。むしろ、私の問い、私のためらい、私の待ちきれなさ、ときには私の憤慨（たとえば、ほとんどすべてのイスラエル政府および、内部でも外部でもそれを支持する勢力を前にしたときの）は、敵対心から鼓舞されたわけでもなければ、距離を隔てているがゆえの無関心から鼓舞されたわけでもないことをあなたたちに納得していただくためです。逆に、この共感という無垢な気遣い（これは私にとっては「共に生きる」ことの根本的な様態です）、この正義および衡平の共感（これはもしかするとラハミーム★8かもしれません）という無垢な気遣いは、私とは別のかたちでさらけ出され関わりをもたされている多くのイスラエル人たちに共有され、また世界の多くのユダヤ人とともにあるものなのですが、私はこの気遣いを、ユダヤ教の本質としてではないにせよ、少なくとも、私のなかでは、ユダヤ人の子供の苦しみに満ちた無防備な記憶からつねに区別できずに残っているものとして要請したいと思います。この少年は、そこで、正義を名指すことを覚え、正義のなかで、法を超過すると同時に法を要請するものを名指すことを覚えたのです。私がすぐさま「告白する――不可能なものを」という表題のもとで述べたいものにおいては、すべてのことがおそらくこの源泉から私のもとにきているのです。

★8　ラハミームとは、ヘブライ語で「憐れみ」、「慈しみ」ないし「共感」を表わす語。「母胎」、「子宮」、「腸《はらわた》」を表わすラヘムの複数形で、自らの体内から生み出したものへ向ける感情という含意がある。

「告白する――不可能なものを」。これは同時に「告白しなければならない、つまり告白不可能なものを告白しなければならない」ということを意味することができます。そしてこの告白不可能なものの告白はもしかすると不可能なままであるかもしれないのですが、とはいえその不可能性を明らかにすることもまたなさなければならないでしょう――たとえ、そのことが不可能に見えるとしても、まさしくそうであるならば。言い換えれば、真実とは、不可能なものをなさなければならないということなのであって、不可能なものとは、あらゆる「しなければならない」の唯一の尺度かもしれないのです。

今日、告白不可能なものの告白にどのように、またなぜこのような特権を与えることができるでしょうか。この告白という印のもとにこの慎ましい見出しを置くことを選んだのは私なのですから、あなたたちが、なぜ私がかくも逆説的で疑い深いかたちでそうしようとしているのか、このような告白が必要であると同時に不可能であるという命令を宣言するにまでいたっているのかといぶかしむことは当然でしょう。

この主題を選んだことは、一つの選び（élection）、つまり選別（sélection）であり、排除でした。これについては、私は合理的なかたちでは正当化できないかもしれませんが、単に経済的〔節約的〕で条件つきのかたちでなら説明することができるでしょう――このこともまた私は告白しなければなりません。経済的で条件つきのかたちでと言ったのは、私がここ一時間と数分ものあいだ（このような主題については、これはもはや誰も送らなくなった電報が届くほどの時間です）、無限の謎（「共に生きる」）に取り組んできたからですし、ここに共にいるわたしたち皆に共有された言葉でそうすることに取り組んできたからです（これは、「共に生きる」というなんらかの命法への最初の応答です）。この共有された言葉は、私の誘惑に抵抗するものです。その誘惑とはまず、次のように言及を多重化することで、「共に生きる」をめぐる膨大な問いに開かれる二重で深淵的な記憶に賭けるというものです。その言及は、アリストテレス、ルソー、カント、ハイデガーないしフッサールから、マルクス、ニーチェないしレヴィナスに、共－存在（Mitsein）の形而上学ないし存在論に、ソキウス、間主観性、超越論的他我の現象学的構成、社会的紐帯および解離に、他者との関係なき関係に、ブランショの「明かしえぬ〔告白不可能な〕共同体」ないしナンシーの「無為の共同体」等々にもいたる哲学的記憶への言及です。そしてこれと同じリズムで、「共に生きる」に関する、しかし同時に回帰、改悛、赦し、和解ないし修復に関する（聖典的な文書の宝庫や、たとえばレオ・ベック★9、ヘルマン・コーエンないしエマニュエル・レヴィナスによるその捉え直しに見られるテシュヴァーおよびティクーン★10に関する）ユダヤ思想の伝統をいかに忠実に取り扱うことができましょう。私がこの告白という主題を選んだのは、まずもって、今日、世界で起きていることゆえです。それは、告白をめぐる一種の全体的な大きな反復〔全体リハーサル〕、さらには告白の、回帰の、改悛の舞台、そ

★9　レオ・ベック（Leo Baeck, 1873-1956）は現在のポーランドに生まれ、ドイツおよび戦後はイギリスで活躍したユダヤ教のラビ・神学者。一九〇五年の『ユダヤ教の本質』をはじめ、二〇世紀のユダヤ思想に多大な影響を与えた。

★10　ティクーンとは、ヘブライ語で「修復」を意味する語。とりわけ、ユダヤ神秘主義思想のカバラーの世界創造説において、流出した神の光を受け止めきれずに破裂した器を集めて、世界を修復、復元する働きが「ティクーン」と呼ばれる。これは、創造、啓示に続く救済の段階に相当するものであり、本文中で和解や改悛と並んで「修復」の語が幾度か用いられているところからも、デリダがこうした前提を踏まえているのは確かだと思われる。

の劇場化です。これは私の目には、進行中の、もちろん脆い、つかの間の、解釈の難しい変異を意味しているように見えますが、しかし、次のような歴史における忌避しえない断絶の契機となっているようにも見えます。その歴史とは、政治的なもの、法的なものの歴史であり、諸共同体、市民社会および国家のあいだの関係、主権国家、国際法および非政府組織のあいだの関係、倫理的なもの、法的なものおよび政治的なものの関係、公的なものと私的なもののあいだの関係、国家的な市民権と国際的な市民権、さらには超‐市民権のあいだの関係、一言で言えば、家族、民族ないし国家と呼ばれるこれらの総体の境界を越え出るような社会的紐帯をめぐる関係の歴史です。この告白の舞台は、正しいか誤っているかは別にして改悛と呼ばれるものをしばしば伴っていますし、また、正しいか誤っているかは別にしてそれを条件づけているはずだと思われているもの、すなわち告解、改悛、赦しの要求がしばしばそれに先立ったり、随伴したりしていますが、こうした舞台は、ここ数年、数ヶ月、ないし数週間以来ですら、いや実のところ毎日、公共空間のなかで数を増し、加速していっているのです。この公共空間は、遠隔テクノロジーやメディア資本、さらにコミュニケーションの速度と規模によって、しかしまた、すべての条件を同時に転覆するテクノロジー、テクノ‐政治学やテクノ‐遺伝学によって変容しています。ここで変容している条件とは、共に生きることの条件であり（同じ瞬間、同じ場ないし同じ領土にいると想定された近接性のことです――あたかも地球上での場の唯一性、一つの大地の唯一性がますます――電話について言われるように、また前述の電話を尺度にして――携帯可能になるかのようにです）、かつ非生物や、異種移植ないし同種移植、補綴、人工授精、クローン技術等々への技術的な関係における生物の条件でもあります。こうした告白の舞台、過去の罪の再検討の舞台は、国家ないし民族の領土を大きく越え出ていながらも、一つの共同体の証言や判断に訴えかけます。つまり、潜在的には普遍的〔世界的〕であるが、同時に、無限の法廷ないし世界的な告解場のうちで潜在的に制度化されているような、共に生きることとの一様態の判断に訴えかけるのです。

私としては、相異なりつつも類似した多くの事例に言及して、もっとも異質な事例のいくつかをあえて並置することはできるでしょう。ワルシャワのゲットーの記念碑の前でのヴィリー・ブラントの記憶に残る挙措から、アウシュヴィッツ解放五〇周年でのポーランドおよびドイツの主教たちの有名な声明、フランスの教会の声明、医者や警察官の団体の声明や、フランスが「修復しえないもの」を犯したとシラクが表明したときのような国家元首による演説までです。これらすべての事例において問題となっているものは人道に対する罪であって、ユダヤ人だけがそれを被ったわけではありません。しかし、彼らは大量の犠牲者であり、有責性をおびたこれらの声明に描かれ、つねに名指されています。この人道に対する罪という概念（これはご存知のように、一九四五年のニュルンベルク国際法廷の産物です）がどれほど問題含みのものであり、それがどのような練り上げをさらに求めるものであろうとも、それは、この告白の世界化の法的な原動力となっています。この前例なき出来事は、「共に生きる」の条件にその根本から影響を及ぼしています。しかしそれは同時に、ショアーの傷を保っている人類の歴史の一契機の事後性を画するものでもあります――たとえこれがショアーにもちろん要約されないにしてもです。この新たな法的出来事の到来は、それについての記憶そのものをなしているのです。私としては、類似した数多くの事例を引用することができないのですが、異端審問に関する良心の再検討についてのヴァチカンの最近の約束は、これと同じ前提から分離することができないものだとも言っておきましょう。つまり、ショアーの、そして引き受けられようと否認されようとその記憶の、底なしの心的外傷から切り離すことができない、ということです。したがって、こうした告白の世界化は、その創始的な立ち上げにおいて、この世紀にヨーロッパのユダヤ人に起こったことなしには考えることはできないでしょう。同様に、イスラエル国家の国際的な承認もそこから切り離すことができません。私としては、この正当化が、この告白の最初の契機のうちの一つだと、この世界的な疚しい意識の最初の契機の一つだと解釈するかもしれません。

これらの公的改悛の行為はユダヤ人に対する罪に関わるわけですが、しかし、同時にまたそれと類似したいくつもの声明を思い起こすこともできましょう。ズデーテン住民に向けられたヴァーツラウ・ハヴェルの声明、[★11] 数年前に村山首相が個人の名前で行ない、最近では日本政府自体の名で行なった韓国に対する声明、当時まさに中国と日本とのあいだで起きていたこと、クリントン大統領による、単に、現在進行中の弾劾（impeachment）の陰鬱で意味深い事件だけでなく、数ヶ月前に、アフリカにおいて、公的な痛悔はありませんでしたが、黒人売買の歴史や奴隷制の無限の暴力に対するアメリカの責任を認めるにいたったった行為――これは、インディアンに対しなされた暴力と同様、アメリカ合衆国の創設と切り離すことができません――などです。とりわけ、南アフリカにおける例外的な「真実和解」委員会のことを思い浮かべる方もいらっしゃるでしょう。[★12] この委員会の前にも、チリやアルゼンチンにおいて、同一のとは言いませんが、類似した制度があったわけですが、これらは、南アフリカにおけるほどの多様な共同体に及ぼされた暴力や心的外傷に関わってはいませんでした。これらの出来事は、私の知るかぎり、人類の歴史において、国家ないし国民国家の歴史において、先例をもちません。国家ないし国民国家が、このような超-国家的な審級を前に、いわば出頭しなければならなくなったのです。ところで、これらの舞台は、二重であると同時に分割しえない一つの特徴を共有しています。一方で、それらは、第二次世界大戦ののちに開かれた次のような可能性を共通の前提としています。すなわち、国際的な審級で、ナチスの暴力を、そしてそこにおける、とりわけ、まず第一にユダヤ人、ツィガーノ〔ロマ〕、同性愛者を標的にした「ホロコースト」という

★11　ズデーテン住民に向けられたハヴェルの声明とは、一九九一年当時のチェコ＝スロバキア大統領だったヴァーツラフ・ハヴェルによって、第二次世界大戦終了時にチェコ内のドイツ人（ズデーテン・ドイツ人とも呼ばれる）が追放され虐殺等の人権侵害が行なわれたことに対し謝罪が行なわれたことを指す。

★12　真実和解委員会は、アパルトヘイト撤廃後の南アフリカ共和国において、一九九五年に設立された委員会。国民の和解と統合をめざし、アパルトヘイト時の人権侵害の実態の究明とそれに伴う加害者の免責、被害者の救済を目指して活動した。デリダはマンデラ論も書いているが（邦訳は『この男、この国――ネルソン・マンデラに捧げられた一四のオマージュ』（ユニテ、一九八九年））、南アフリカの真実和解委員会についてもいくつかの文章を

名で呼ばれる絶滅計画を認め、裁くという可能性です。他方で、この絶滅計画を世界的な法廷の前に出頭させることを目指したニュルンベルク法廷の創設、そして国際法の範囲内での、「人道に対する罪」という新たな概念の制度化があります――フランスでは、一九六四年に、この罪は「時効がない」と宣言されました。先に述べたように、この概念は、私の見るところどれほど問題含みであり、十分に練り上げられていないにせよ、不可逆的な進歩を告げているわけです。それは、改悛、告白、赦しの要求をめぐるすべての舞台に組み込まれています。たとえば、アパルトヘイト廃絶の世界的および局地的な闘争や、さらに「真実和解」委員会の制度化は、なかでも国際連合がアパルトヘイトを人道に対する罪と公的に認めることがなければありえなかったものです。この国際的な法行為は、「真実和解」委員会が是認されるさいの典拠なのです。この論理が意味しているのは、いかなる国家的な人種主義も（アパルトヘイトと呼ばれた「共に生きる」仕方がこれでした）、出生に基づくいかなる人種主義ないしいかなる隔離も、それが一つの国家の法により奨励され許可されているところでは、人道に対する罪となるということです。つまり、どれほど不完全なままであろうと、この概念は、国際法の来たるべきあらゆる進歩の地平にあり、さらに、国際法廷の困難ではあるけれども抗いがたい設置、そして同様にあらゆる人権宣言の実際的な実施の（これは人々の生活条件の通約しえない不平等を考慮にいれるとかなりこれからのことになります）来たるべきあらゆる進歩の地平に

書いている。とりわけ以下を参照（これは「和解」と「許し」を主題とするだけに本書とも密接な関係にある）。Jacques Derrida, « Versöhnung, ubuntu, pardon: quel genre? », in *Vérité, Réconciliation, Réparation*, Le genre humain, 2004.

あるのです。動物と呼ばれるものの生、差別なく動物と呼ばれている生物との共生において――というのも、動物と「共に生きる」こともあるのですから――、権利や義務の概念すら超過する任務を呼び求めるもの、われわれに、供犠＝犠牲という大問題を再考するよう義務づけるはずのものについては語らずにおきましょう。

締め括るために、以上から生じるいくつかの帰結へと急ぎつつ、私としては、一連の逆説をおおまかに描いておきましょう。これらは、単に「共に生きる」を禁じないだけでなく、宣言ないし告白されるという条件のもとでなら、逆に、「共に生きる」の条件と責任のチャンスを与えることにもなるでしょう。

1　第一のアポリア。一方で、赦しの要求があろうとなかろうと、過去の犯罪に対する告白、改悛、回帰の世界化によって、もろもろの便宜、口実、倒錯した計略、道具化、喜劇ないし計算が隠蔽されうるということをもちろんわれわれは知っています。したがって、それは、終わりなき警戒を求めるわけです。しかしそれは、啓蒙の思想家（この場合にはカント）が、人類の不可逆的な進歩について、少なくともという印、少なくともという可能性の印が認められると考えた出来事に類似しています。それは、国内法の彼岸、さらには、国民国家の唯一の主権性を尺度にした政治的なものの彼岸を記しているのです。いくつもの国民国家、制度（同業者組合、軍、教会）が出頭しなければならず、しばしばかつての国家元首や軍の長が――受諾するにせよしないにせよ——原則的に普遍的である審級の前で、国際法の前で説明するよう義務づけられることもあります。この国際法は、新たな非政府的な権力のもとでたえず洗練および強化されたり、戦争当事国に自らの過去の罪を認めさせ新たな「共に生きる」ことの和平の交渉をするよう強いたり、(独裁的であれそうでなかれ)為政者を範例的に裁いたりするものです。と同時に、この為政者らを支持したり操作したりする国家——しばしば外国の国家——のことを忘れないよう用心もします(ピノチェト★13のような人の免責特権が解除されると、相当な合図が、その人物やその国すらをも超えて送られることになるでしょう)。こうした展開は多くの問いを開いたままにしますが、そうしたあらゆる問いとともにいっそう一般的に言うのならば、人道的な干渉と呼ばれるものは、こうした新たな介入の唯一の局面ではないのです。

しかし、他方で、この進歩は、この国民国家的な主権性の彼岸を、さらにその黎明期以来、事実上、国家的なものおよび市民権の行使とつねに外延を共にしているものとしての政治的なものの彼岸すらも描き出しているのですが、これを賞賛しなければならない一方、そのありうる倒錯が現われはじめるのを見ることができます。単に、法律主義が政治主義にとってかわったり、正義が法に還元されたり、普遍的な法権力が密かに横領されたり(適用の力なき法の行使はないと、同じカントが良識をもってわれわれに喚起していました)、告発された主体を特

★13 アウグスト・ピノチェト(Augusto Pinochet, 1915-2006)は、チリの元軍人・元大統領。一九七四年に大統領に就任するとアメリカの援助を受け新自由主義的な独裁政治を行なった。大統領退任後、軍政時代の虐殺や拷問などの人権侵害に関してスペインをはじめ各国に提訴され、当時滞在していたイギリスでは、一九九八年に裁判において元国家元首としての免責特権を認めないとの判断が下された。

定するさいに言い訳の論理やスケープ・ゴートの論理が働いたり、力による、党派による、経済的な勢力ないしさらに国民国家的な勢力による国際法の転用があったりするだけではありません。こうした勢力によって、この法の行使や、さらには人道的といわれる活動ですら、不正な戦略や偽装された政策に従属させられることがあるかもしれず、それを前にすると国民国家の主権への依拠が還元しえない抵抗の場とならざるをえない場合もあるでしょう。こうした新たな法律主義が、調査方法、情報伝達、遍在性、かつてない速度といった多くの技術資源によって支えられ、透明性という口実のもとで、新たな異端審問的な脅迫を再興するおそれもあるだけに、なおさらそうです。それは、だれであっても、総体に従って「共に生きる」ことを命ぜられた主体ないし被告人に変容させられるような脅迫です。それによって、単に、信仰の見えない行使など、「私的生」という古い言葉で呼ばれているものを断念させられるばかりでなく、秘密、分離、孤独、沈黙、特異性の可能性をも断念させられる、先に見たような、「共に生きる」ことの、責任ないし決断の譲渡しえない条件として残り続けるようなこうした遮断の可能性をも断念させられるのです。もしそうする時間が私に与えられていれば、このアポリアの刃を研ぎ澄ますために、この観点から、モリヤ山に立つとあるアブラハムの沈黙と秘密のなかで何が起こったのかについて、今日のための、一つの読解を提案することもできたかもしれません。

もしこれらの二律背反的な二つの要請、二つのリスクが、忌避できないかくも深刻なものであるとすれば、われわれの返答を規制するような認識可能なあらかじめの規範というものはないことになるでしょう。もっとも正しい決断の責任は、各人によって、特異な場および時間において、そのつど独特なかたちで発明されなければならないのです。私たちの主題の文面にとどまるとすれば、そう、あらゆる「総体《アンサンブル》」を超えて思考すべきと私が提案している「共に生きる」には、「いかに」がない、いずれにしても、なんらかの知のために利用可能なあらかじめの命令、規則、規範ないし基準という形態をとりうるような「いかに」はないのです。「いかに」は、各人によって、各瞬間に発明されなければならないということです。もし、「いかに」が、適用すべき規則についての知のためにあらかじめ利用可能であるとすれば、特異的な責任はまったくなくなるでしょう。私が述べていることは、経験主義的ないし相対主義的なことではまったくありません。それは、道徳的経験のなかでもっとも高い要請をもつと私がみなしているものに呼応しています。そこでは少なくとも、この二律背反について宣言すること、この二律背反を承認すること、この二律背反を自分自身に告白し、まったく別の他者の前で、異邦人の前で、さらには敵の前で告白することからはじめなければなりません。それが告白不可能に見えるところにおいてですら、そしてそれが告白不可能であるがゆえに、です。この分割、この分裂、この裂開、この自己との解離、この自己と共に生きることとの困難、一つの総体に、一つの凝縮的ないし整合的な全体性に集められることの困難を認めなければなりません。すなわち、「共に生きる」ことの第一歩は、つねに全体化に抗するものであり続けるのです。

2　もう一つのアポリアは、この動きを麻痺させる危険のあるものです。「赦し」の倫理は、われわれにそれを遺贈してきたアブラハム的――ユダヤ的、キリスト教的あるいはイスラム的な――伝統において、二つの異質なモティーフによって深く分割されているように思います。私としては、これらの三つの遺産を一つのものに還元するつもりはなく、まったく逆なのですが、またここでは、この膨大な問いにしかるべく取り組むことも、この告白の世界化の言語を特徴づけている深い――実のところは「ヘーゲル的な」――キリスト教化について立ち止まることもできませんが（ここには、単に法の領域に限られずに現在進行している、世界ラテン化と私が呼んだものの一つの効果があります☆13）、次の逆説だけを取り上げたいと思います。赦しの運動とは、互いに異質でありながら、分離しえない二つの論理のあいだで引き伸ばされている――相続人たるわれわれはこう感じているのです。一方では、恩寵ある贈与、無条件で、自由で、無限で片務的な贈与、相互性の経済的循環なき贈与(don)というかたちでしか、赦し(pardon)はないはずです――言い換えれば、他者が存在しない、改悛しない場合であっても、つまり、「共に生きる」が、和解、修復、治癒、補償、贖罪の地平のうちに書き込まれていないとしても、ということです。無条件な赦しは絶対的なイニシアティヴなのであって、いかに崇

☆13〔編注〕Cf. J. Derrida, « Foi et savoir. Les deux sources de la "religion" aux limites de la simple raison », dans Jacques Derrida et Gianni Vattimo (dir.), *La religion*, Paris, Le Seuil, 1996, p. 20 *et passim*; repris dans *Foi et savoir*, suivi de *Le siècle et le pardon*, Paris, Le Seuil, 2000.〔ジャック・デリダ『信と知』湯浅博雄訳、未來社、二〇一六年〕

高ないし精神的なものであれ、どのような計算によっても動機づけられないはずなのです。しかし、他方では、同じ伝統は、ここでは優勢的、支配的、覇権的なかたちで、こうわれわれに思い起こさせます。赦しは、過ちの承認、告白、改悛、過去への回帰、現在ないしこれからの変容、赦しの要求があるところにおいて、条件的なかたちでしか与えられえない、と。ジャンケレヴィッチは、『赦し』という著作のなかで、とはいえ赦しの誇張的な倫理について語っているのですが[☆14]、それにもかかわらず、とりわけフランスにおいて人道に対する罪の無時効性が議論されたさいに、有罪を認めつつ赦しを求めなかった者には赦しは与えられえないと断固として主張したのでした。彼はすでに、赦しについての自身の哲学的な著作のなかで「赦しは死の収容所で死んだのだ」と、さほど攻撃文書的ではないかたちで語っていました[☆15]。実際、有罪者が期待していない場合に、しかもまずは犯罪であることを知りもしないし認知もしない場合には、赦しにいかなる意味があるのでしょうか。このような強い論理、このような経済は、無条件的赦しというもう一つの要請とはほとんど両立しえないように見えますが、周知のように、これが赦しについてのアブラハム的な伝統および現在の政治を支配している——汲み尽くしているわけではないにせよ——のです。ヘルマン・コーエンは、「ユダヤ的な赦しの原理」が、「〈永遠者〉を前にして、人間によって、ただ人間だけによって、全員一致で認められた純粋な規則」となったと指摘するとき、赦しを改悛と区別してはいません。彼によればこの「赦

☆14 Vladimir Jankélévitch, *Le Pardon*, Paris, Éditions Aubier-Montaigne, 1967.
☆15 Id., *L'imprescriptible. Pardonner? Dans l'honneur et la dignité*, Paris, Le Seuil, 1986, p. 50.

し」は明らかに律法《トーラー》の目的として示されているのですが、コーエンは、あたかもそれがただ一つの同じものであるかのように、この赦しにテシュヴァーを結びつけています。テシュヴァーとは、彼が述べるように、改悛を指し、「回帰」、「変化」、善への回帰、自分自身への回帰を意味するものです。供犠の儀礼の推進者は、あらゆる「倫理およびあらゆる神への崇拝のただなかの」主要な行為を象る改悛を告げる者であるわけです。コーエンはこう言いさえしています。「神でさえ、私がこの改悛という倫理的な作業を実行しなかったら、私を赦すことはできないだろう」[☆16]。このような無条件的なものの条件づけがいかに正当なものに見えようとも（私としてはそれを告発するつもりはありません）、それが赦しの実践を命ずるところにおいて、当の赦しは、とはいえ、その無条件性において、あらゆる秩序（倫理的、政治的、法的）に対しても、また和解、修復、治癒、大赦、時効の展望に対しても異質なものにとどまるのです。治療、つまり自己ないし「共に生きる」の治癒という形象については、これを南アフリカの「真実和解」委員会の言説にも認めることができます（とりわけ、この委員会が、デズモンド・ツツ[★14]によってキリスト教的な方向で推進され、解釈されているときにはそうです――ここからわれわれは、告白の世界化が、赦しという、アブラハム的な、あるいはいっそう特殊的にいえばキリスト教的概念の惑星化なのか、あるいは逆に、なにか予期せぬ、この伝統にとって脅威となるものを到来させる未聞の変容なのかを問わねばならないでしょう――ここで私はこ

☆16 Hermann Cohen, *L'éthique du judaïsme*, trad. fr. M.-R. Hayoun, Paris, Le Cerf, 1994, pp. 136 et 149.

★14 デズモンド・ツツ（Desmond Tutu, 1931-）は、南アフリカのキリスト教の大主教で平和活動家。アパルトヘイト撤廃運動に尽力して、一九八四年にノーベル平和賞を受賞。真実和解委員会の委員長もつとめた。

の必要でありながら膨大な問いに取り組むことはできないのですが）。南アフリカの事例が明らかにするもの、それは、改悛、大赦ないし時効のプロセス――これはあまりに性急に赦しと混同されがちなものです――であり、ヒーリング・アウェイとして、つまりトラウマを克服して、傷ついた共同体を「共に生きる」ことのできるものにする治癒としての記憶の行為として解釈される喪の作業です。南アフリカ憲法の前文に文字通り書き込まれている「和解」というモティーフについては、もちろん、私が語っているような両義性があるにもかかわらず、ほかの傷ついた国も、それぞれがそれぞれの仕方で、そこから着想を受けることを夢見ることができます。しかし、この治癒というモティーフは、それがいかに両義的で条件つきのものであれ、またそれが赦しの純粋性にとっていかに脅威となるものであれ、単に赦しの支配的な解釈すべての核心にあったばかりではありません。このモティーフは、テシュヴァーについての今世紀の偉大なユダヤ思想のうちで働いているのを見てとることができるものなのです。単に〔レオ・〕ベック、コーエンやブーバーだけではなく、ドミニク・ブレルが最近の論文のなかで指摘したように、〔マックス・〕シェーラーを引用することもできたでしょう。シェーラーはユダヤ系の出自をもつカトリックですが、彼は改悛を「魂が自ら治癒すること（Selbstheilung）」だと語っていたのでした。☆17

テシュヴァーを「回帰、神との関係」、「絶対的に内的な出来事」と翻訳するレヴィナスは、☆18

☆17　Dominique Bourel, « Note bibliographique: la *teschuva* dans la pensée juive du XXe siècle », in Annick Charles-Saget (dir.), *Retour, repentir et constitution de soi*, Paris, Vrin, 1998, p. 210.

☆18　E. Lévinas, *Quatre lectures talmudiques*, *op. cit.*, p. 38.〔四三頁〕

先ほどと同じ「「ヨマ篇」についてのテクスト」[☆19]において、このテシュヴァーという印のもとで、「無条件の正義」に訴えていますが、[☆20]しかし、それでもやはり、彼は赦しをその条件へと従属させ、赦しが求められることを求めています。「有罪者によって求められない赦しはない！　有罪者は自らの罪を認める必要があり、被害者は加害者の懇願を受け入れてあげる必要がある。いっそうよく言えばこうだ。もし赦しが加害者から求められなかったならば、もし有罪者が被害者を和らげようとしなかったならば、誰も赦すことはできない」[☆21]。ここでもまた、この省察の仔細な行程を、そしてそこで交差しているすべての道、すべての声をたどることは諦めましょう。それは、次のような二重の限界にいたるものです。レヴィナスは、「赦しの諸条件」と自らが呼ぶものを想起させつつ、加害者の無意識の本質的な可能性に急ぎ足で言及しているのですが、そのために――引用します――「本質からして赦しは不可能だ」[☆22]と結論づけることになったのでしょう。レヴィナスはまた、途中で、ここでもまたもしかするとひっそりとかもしれないのですが、私の目には決定的なものに見えるもう一つの境界に言及しています。それは、ゲマラーに残されている、ラビ・イェフダー・ハナシーの意見が指摘している限界です。ラビ・イェフダー・ハナシーは、キプールの日[★15]における、テシュヴァーなしの、改悛なしの、浄化作用をもつ赦しについて語っているのです。[☆23]同じ限界の際《きわ》において、ヴァルター・ベンヤミンは、「道徳世界における時間の意味」および最後の裁きについての、生前には公刊されな

☆19 〔編注〕正確なタイトルは「「ヨマ篇」（八五a—八五b）についてのテクスト」である。
☆20 E. Lévinas, *Quatre lectures talmudiques*, *op. cit.*, p. 40.〔四四頁〕
☆21 *Ibid.*, p. 43.〔四七頁〕
☆22 *Ibid.*, p. 55.〔六〇頁〕
★15 キプールの日とは、ユダヤ教の暦において最も重視される祝日で、贖罪の日、〈大いなる赦し〉の日を意味する。
☆23 *Ibid.*, p. 39.〔四三頁〕

かった省略的なテクストにおいて、神の赦しの嵐について語っています[☆24]。それは、自らの極限までいたりつつ、和解の動きないし経済とはけっして混同されないような赦し、すなわち和解（Versöhnung）なき赦し（Vergebung）です。無時効性の概念は、その法律的な規範や刑法的な限界を超え出て、〈最後の裁き〉へと合図を送ることになるわけです。すなわち、時間の終わりに、犯罪者（独裁者、拷問の執行人、人道に対する罪の咎ありとされた国民国家）は出頭して、釈明をしなければならなくなる、ということです。有罪者が引き受けなければならない責任にはもはや終わりがなくなります。けっして、です。私があなたたちに、赦しの唯一のチャンスとして——その倫理的、政治的帰結にいたるまで——語りたかったものは、この不可能性なのです。もし私が告白しうるものを告白するのならば、私は告白していないことになります。赦すことが赦しえないものを赦すことであるのと同様、告白することは告白しえないものを告白することです。不可能なものをなすことです。

　ええそうです。私は、改悛によって条件づけられた赦しの必要性を断念することが正当だとは感じていませんし、さらには、赦しをめぐるあらゆる純粋な思想にその意味を授けるような、要請なき、義務なき、負債なき、無条件的な赦しの要請を断念することが正当だとも感じていないのですから、私が免れることのできない唯一の責任とは、このジレンマを他者に対して宣言することだ、ということになりましょう。それは、ここで私がそうしているように、こ

☆24〔編注〕Walter Benjamin, « La signification du temps dans le monde morale » [1921], dans *Fragments philosophiques, politiques, critiques, littéraires*, tr. fr. Ch. Jouanlanne et J.-F. Poirier, Paris, PUF, 2001.〔ヴァルター・ベンヤミン『来たるべき哲学のプログラム』道籏泰三訳、晶文社、一九九二年、所収〕

の宣言のイニシアティヴをとり、そこから法的、倫理的、政治的、歴史的な帰結を引き出すことに取り組むことです。これまで述べてきたことゆえに、私はそれを一人で〔孤独に〕やらなければなりません。そしてたとえそのイニシアティヴをとるのが私一人であるとしても、相互性を期待することなく、一人で、この責任において私の代わりになる者がいない場合でも、そうしなければならないのです。私が選びという概念を理解する、ないし受け入れるのはこのようにしてです。選ばれていることは、生まれ、国家、民族ないし共同体のいっさいの特権をはるかに超えて、この決断の場、この責任の場においては誰も私の代わりになることができない、ということを意味するのです。このことにより、逆に、無実の人々の眠りを苛む世代間の、あるいは集団的な責任が消されるということにはなりません。

3　とすると、「共に生きる」ことの第三のアポリアを告白しなければならないかもしれません。私は「私の身内（miens）」への選好を断念したり拒否したりすることはできないでしょうが、逆に、普遍的な正義の掟の前でそれを正当化したり、それに賛同したりすることもできないでしょう。この忌避することも正当化することもできないヒエラルキーにおいて、私の身内〔私の者たち〕と私が呼んでいる人々は、私に帰属する人々のことではありません。それは、まさしく、かくも容易に共同体と呼ばれているもののあらゆる次元で、あらゆる選択にすら先立って、「共に生きる」ことが私に託されている人々の総体のことなのです。つまり、私の家族、私の同族者、私の同郷人、私の同宗者、私の近隣者、私の近親者、私の言語を話す人々のことですし、さらに私の隣人（prochain）ですらあると言いましょう。この隣人という語は聖書の伝統においては遠き異邦人をも指しうるのですが、ただしそれも、私の同類、人類のなかの男かつ兄弟であるという条件のもとでです（私は別のところでこの兄弟関係という概念の両義性について検討したことがありますが、ここでは立ち戻ることはできません）[☆25]。どうしたらあらゆるかたちの近しさ、近接性への私の選好を断念することが、しかしまた正当化することができましょう。この近接性とは、極限では、死にいたる危険のある状況においては、私に、他人の子供たちより、単に私の他者であるばかりでないこれらの他者たちを助けるより、自分の子供たちを助けに行かせるような、動物より人間を助けに行かせるような、アジアで死にかけている私のよく知らない猫より私の猫すらをも助けに行かせるような、そうした近接性なのですが。普遍的な正義ないし衡平に照らすと、自分自身の子供に対する選好、自分の身内、両親や友人に対する選好、さらには、死および究極の供犠にいたるまで、たとえばイスマエルでなくイサクの特権がそうですが、身内のあいだでの選好をどのように正当化することができましょう。私の身内は私に帰属しているのではないのですし、私の「我が家」であってもそうなのです。こうして、一人称で、自分の帰属がどこに帰属するかが変化します。「共に生きるために」、私は私に帰属しないものに帰属している、私の身内に、一つの言語に、一つの場に、私に帰属し

☆25　とりわけ『友愛のポリティクス』（*Politiques de l'amitié*, Paris, Galilée, 1994〔みすず書房、二〇〇三年〕）である。

ないし私がけっして所有することもない「我が家」に帰属していることになります。帰属は、根底的な所有権にいたるまで、あらゆる絶対的な我有化を排除するのです。

とすると、世界で飢えに苦しむ何億の人々を助けに行く前に、まず私の身内、近親者ないし隣人を養うようにさせる内的切迫をどのように否認することが、しかしまた正当化することができましょう。というのも、自分たちの国で人権や社会的な獲得物にやかましい雄弁な活動家たちは、人類史上、地球上でこれほどまでの人間がパンや飲み水を欠いたことはなかったことを忘れてはならないでしょうから。さらに、この点に関する無関心ないし消極性は、人道に対する罪の端緒となり、「汝殺すなかれ」への違反となることを。そして「汝殺すなかれ」と述べる者は、もしそれが私の隣人、私の兄弟、私の同類、人間に限定されないとしても、――なんという逆説でしょう――あらゆる生物一般、すなわち人が愚鈍にも、不明瞭にも動物と呼んでいるものに対する殺害は受け入れていることを告白することになるのです。ええそうです。この選好、このヒエラルキーは、粗暴な仕方でも気品ある仕方でも、忌まわしい仕方でも洗練された仕方でももたらされうるのですが、誰もこの選好ないしヒエラルキーを心から否認することも、断念することもできないでしょう。しかし、誰もそれを正当化することもできないでしょう。正当化するというのは、それが普遍的な正義の前で正しいものであると正当化、裁定、証明するという意味です。この点では、私はつねに負債を負っていて、最初の義務に背いている最中だということになりましょう。このアポリアを告白したからといって十分ではありません。しかしそれは、責任ある明晰さの最初の条件であり、ありうるかぎり最善の交渉をはじめるための最初の挙措であり、異邦人、見知らぬ者、他者、さらには敵に対し、隣人、同類や兄弟を超えて、その規則を片務的に発明し提案するための最初の挙措なのです。これは、「共に生きる」が、あらゆる生物に関して、まなざしに関して、あるいはまなざしをも超えて、生を巻き込むところにまでおよびます。さらに、供犠が他の生物の、つまり人間的であろうとなかろうと、動物の生を狙うものであるからには、いかなる供犠も私に平穏な意識を残しておかない場合であっても同じです。つまり、心から正当化しえないままであるものが、正当化しえない、赦しえない、したがって告白しえないものとして残るのです。そしてそのこと自体を告白することからはじめなければならないのです。

4　これらのアポリアは共通の経済《エコノミー》に従っています。それは、エコノミーそのもの、オイコノミア、家族の掟、固有なもの（oikos）および所有の掟にほかなりません。そしてこのエコノミーのモティーフに、エコロジーという、この「共に生きる」の大きく新たな次元を結びつける必要があるかもしれません。私が最後に挙げる例は、類的ないし生物学－動物学的な意味における生物と技術との関係に関わります。これまで以上に、そして今日、これまでよりも速く、胚細胞、ゲノム、受精プロセスへの科学技術的介入ないし遺伝産業的な介入、同種移植や異種移植などは、ほかの多くの補綴構造の展開と同様、――固有の〔清潔な（propre）〕身体の「共に生きる」としての――有機的な総体ないし同一性とは何であるかについてのわれわれの基本的な認識の規範そのものを練り上げなおすようわれわれに迫っています。というのも、固有の身体とは、まずもって、自己と共に、近さのうちで共棲的にある仕方なのですから――この共棲は、ここでもまた、私たちが無条件に否認も正当化もできないものです。ええそうです、告白の世界化に影響を及ぼし、公共空間を変容させている技術的資源（情報化、電話やデジタル化したテレビ等による情報伝達のパノプティコン化等々）と同じものが、生物を、生物のあらゆる総合を、（自己との、あるいは他者との）生きた共生のあらゆる次元を、技術生物学的補綴（prothèse technobiologique）の空間および時間のなかに巻き込むのです。この補綴は、ここでもまた、われわれが好むことも拒否することもできず、望むことも拒むこともできず、原理的に正当化も告発もできないものです。もし技術が総体の自然性を遮断することがあるとしても、それでもやはり技術はつねに、自らが脅かしているこの「共に生きる」の条件そのものなのです。それは、生の条件としての、生における死です。チャンスが脅威でもあること、これこそが認めなければならないこと、告白しなければならないこと、応答することからはじめなければならないことなのです。そこではまさに、告白不可能なものの告白と同じように、赦しえないものの赦しは、不可能なものであると同時に赦しの唯一の可能性であるように見えます（赦しうるもののみを赦すことは赦すことではありません）。ここでもまた、知の場合と異なり、決断ないし責任にとっては、それらに先立つ「いかに」はないでしょう。決断ないし責任の規則は、選び〔選挙〕なく選ばれた、置き換え不可能な場で選ばれた各人が特異なかたちで発明しなければならないのです。

結論を急ぎつつ、一つのイメージが欠けてゆき、記憶がつかの間に過ぎゆくなかで、以上の四つのアポリアから待ったなしの――つまり、待つことなく期待するということですが――問いを取りまとめましょう。私はこれらのアポリアから――言い換えるとイェルサレムから――あなたたちに語っています。それはモリヤ山のすぐ近くでのことです。そこで、レヴィナスにとってのネエルと同様ここでもプロテスタントですが、キルケゴールは――彼のフィクションによれば――アブラハムが神に赦しを乞う気になったと語っています。しかし、彼が赦しを乞うたのは、神に対する絶対的な義務に自分が背いたためではなくて、むしろ神に絶対的にかつ盲目的に従う気になったから、つまり、この無条件の義務を、自分の身内の生よりも優先させた、自分のお気に入りの息子よりも優先させたからです。つまり、キルケゴールの言うところによれば、アブラハムは、神に従ったことで神に赦しを求めるという動作をしたということになります。

できればそうしたかったのですが、私にはこの解釈的なフィクションについての自分の解釈を展開する時間はありません。[☆26] その解釈とは、二つの「共に生きる」の仕方をまったく別のものと結合しつつ分離させるものです（まったく別のものはまったく別のものです〔まったき他者はまったき他者です〕）。さしあたり、そして終わるにあたり、モリヤ山から遠くないところに、ただしここではイェルサレムの墓地の近くに戻りましょう。つまり、終わるにあたり、イェルサレムへの回帰です。ちなみに、マイモニデスはテシュヴァーとは流浪の終わりをも意味していると語っていました。したがって、終わるにあたり、イェルサレムへと回帰しましょう。墓地の近くへです。一九八二年の私の最初の訪問のとき、イスラエル人の友人が、私にこの墓地を見つけさせてくれ、そこで自分の祖父の墓を見せてくれました。そこで私は友人に付き添っていたのですが、それというのも、場所の配分、「委譲区画」に関する決定、遺体の移送、しばしば高額になる作業――遠い国から、もっとも多くの場合にはアメリア合衆国からということもあります――といった、この有名な墓地の難題の管理を請け負っている組織であるヘブラ・カディシャ[★16]の事務所で、彼女が一つの問題を解決しなければならなかったためです。携帯電話もない時代ですが、私はそこの事務所にいて、全身が黒い服を着て、伝統的な被り物をした、忙しそうにしている一群の「責任者」たちを前にしていました。彼らは走ったり、息を切らしたりしているように見えました。彼らを世界のあらゆる場へと公然と結びつけているトランシーバー、電話やコンピュータ――そこから人々は、あらゆる代価を払って、この墓地に場所を要

☆26 私はそのことを『死を与える』（*Donner la mort*, Paris, Galilée, 1999〔筑摩書房、二〇〇四年〕）において試みた。
★16 ヘブラ・カディシャとは、もともとは「聖なる結社」を意味するが、現在では、葬儀の準備や埋葬といった一連の作業を担う互助組織のこと。

求するのです――のまわりで、熱烈な活動を展開していたのです。すべてが代置可能になったこの世界にあって、置き換え不可能なものがここで、まさにこの場所で、いま、抵抗しているのです。単にイェルサレムと名づけられた場所ではなく、まさにこの場所、イェルサレムの隅のこの墓地で、死者をそこに向けるためにです。

私はそこでこう問いました。自分の生きているうちにまず第一に〔最初の場で〕、最後の場、置き換え不可能に見える場を選ぶことがもっとも喫緊のことであるとき、「共に生きる」とは何を意味するのか、と。そこで欲望が命じているのは、単に死ぬことだけでも、あるいはもしかすると生き残ることでも誰かの到来にさいして共に蘇ることだけでもなく、そこではなくここで、世界へのこのような独特の戸口を前にして、あるいは封印された戸口を前にして、メシアの到来ないし降臨、来たるべきことを期待することなのですから。しかしながら、携帯電話、Eメール、インターネットの世界化にすら先立って、電話、コンピュータ、トランシーバーなどのこうした小さな補綴的機械がみな、いま一度、あらゆるいまここを、無限に近いものに、また代置可能なものにしはじめていたわけです。ニューヨークがガザ（空港があろうとなかろうと）よりもいっそう近くにあるように見えることもありましたし、世界の反対側の何某のほうが、西イェルサレムや東イェルサレムの某隣人や某友人よりも近くにいるような感覚をもつこともありました。そこで、携帯電話でイェルサレムはイェレサレムにあるのかと問うことは、もしかすると、かつてのようにして、地上のイェルサレムと天のイェルサレムの区別を信頼するということではもはやないでしょう。ところで、この約束の地は、代置および遠隔コミュニケーションに抵抗しているように見えました。そうすると、この「場をもつこと」の、メシア的な場をもつこと〔生起すること〕の配置は何を意味していたのでしょうか。

しかし、私がまず不安のなかで問うていたのはこういう問いでした——そしてそれも同じ問いだったのですが。すなわち、誰が場を配分するのか。ここは同意したり、そこは拒否したりする権限が自らにあると——そのことを告白しつつ——みなすのは誰なのか。たとえ、そこに自らの亡骸を埋葬するためであっても、あるいは、そこになんらかのメシア的平和、来たるべきものないし回帰を期待するためであっても、この場を自分の場とすること、その場を選ぶこと、あるいはそこで自分が選ばれたと思うことについて、そうすることを一方の人には認め、他方の人には拒否する権限が自らにあるとみなすのは誰なのか。

そのときから、そして類似したいくつもの出来事を通じて（この最初のイェルサレム訪問の数週間前に、私はプラハの牢獄から出たのでした）、私は、別のところでメシア的な亡霊性、あるいは亡霊的メシア性と呼んだものにおいて、あらゆるメシアニズムを超過するものは何か、あらゆるメシアニズムに先立ち、それらを条件づけるものは何かを考えはじめなければなりませんでした。そしてあらゆる宗教よりもいっそう古い、ある種の信仰について考えはじめなければなりませんでした。それは、かなり以前のアルジェで、しかし同時に、最近のイェルサレムでも私に起きたはずのことです。告白しますが、そこで私に何が起きていたのか――あるいは私にさらに何が起きることになるのかをいかに解釈すればよいかはわかりません。私に回帰しつつ、何が告げられていたのかも。

アブラハム、他者[27]

私としては、もう一人のアブラハムを考えることができるでしょう。

これは引用です。「私としては、もう一人のアブラハムを考えることができるでしょう」。「考える」の代わりに、「想像する」する、あるいは「思い描く」とし、« Ich könnte mir einen anderen Abraham » いうこの文をもう少し別のしかたで翻訳することもできます。「私は、私としては、私のなかでは特別に、私に関しては、もう一人のアブラハムというフィクションを想像し、思い描くことができるでしょう」。

この文は、カフカの短い、二頁だけの寓話からわれわれのもとにやってきました。その表題には、まさしく、「アブラハム」という名だけが掲げられています。[28] « Ich könnte mir einen anderen Abraham ». さらにもう少し先にはこうあります。« Aber ein anderer Abraham »——「しかしもう一人のアブラハムが」。

ということは、いいかい、もしかすると、もしかすると、一人以上のアブラハムがいるかもしれない、

☆27　このテクストはまずは、二〇〇〇年の国際シンポジウム「ユダヤ性　ジャック・デリダのための問い」の会議録に収められた。*Judéités. Questions pour Jacques Derrida*, Joseph Cohen et Raphael Zagury-Orly (dir.), Paris, Galilée, 2003, pp. 11-42.

☆28　〔編注〕フランツ・カフカ、ローベルト・クロップシュトック宛の一九二一年六月の手紙（*Œuvres complètes*, t. III, Paris, Gallimard, coll. « Bibliothèque de la Pléiade », 1984, pp. 1082-1083）〔『カフカ全集』第9巻、新潮社、一九九二年、三六五頁〕

ということです。このことが、考え（denken）なければならないことかもしれません。もしかすると。

数週間前、ニューヨークという世界最大のユダヤ的な都市、イスラエルそのものよりもユダヤ人が多くいると言われることもあるこの都市に、アヴィタル・ロネルというアメリカ人の友人にして同僚がいて、彼女自身ヨーロッパとイスラエルを出自としているのですが、その彼女がカフカのこの教訓話に私の注意を引きつけてくれたのでした。これについて、私はいままさに、自分なりの仕方で、斜めから、省略的に解釈しようとしているわけです。このフィクションは、いかに短いものとはいえ、単にもう一人のアブラハム（einen anderen Abraham）ばかりでなく、もう一人のアブラハム以上のもの、少なくとも他の二人のアブラハムを舞台に上げています。あたかも、「二つ以上」という系列的な多数性が、アブラハムという名に直接に書き込まれているかのようなのです。というのも、「私としては、もう一人のアブラハムを考えることができるでしょう」と言ったあと、最初のもう一人のアブラハムに言及したあとで――この最初の第二のアブラハムは「跳躍は見られない」と言うために言及されているのですが、この「跳躍」とはモリヤ山で神に従う準備ができていることを示すために行なうべきだったもののことで、周知のようにこの語はカフカがしっかりとキルケゴールを読んでいたという痕跡をとどめています――、語り手は次のように付け加えているからです。「しかしもう一人のアブラハムが（Aber ein anderer Abraham）」。このもう一人の他なるアブラハムのほうも、選びの呼びかけや試練に応答する準備ができていたのですが、しかし呼びかけられたのが自分自身かどうかに確信がもてませんでした。他の者ではなく自分、自分自身なのかということにです。選ばれし者は他の者ではなく自分だということに確信がもてなかった。彼が恐れていたのは、聞き間違えて、呼びかけられてもいないのに、自分自身が指名されたわけでもないのに、「はい」、「我ここに」と応答しにきてしまい、物笑いの種になることでした。あるいはまた、たとえば出来の悪い生徒がいて、教師は別の生徒と彼とを区別して、クラスの一等を選び讃えようとしていただけなのに、カフカが記しているように、教室の奥で自分の固有名が聞こえたと思いなしてしまったのと同様、他の者に宛てられた呼びかけに大急ぎで応答しようとしてしまうことでした。実は、この寓話の末尾からはまた別の可能性も開かれています。もしかすると、その教師は、出来の悪い生徒のほうを罰するために、二つの名前、あるいは二人の選ばれし者の取り違えという試練を故意に演出したのかもしれません。

これら二人のアブラハムにはここで銘句としてお待ちいただきましょう。もう少しあとになってから、もっとも私の心駆り立てる解釈のうちの一つを素描してみたいと思います。とはいえ、これ以降私があえて試みようとしているものはすべて、このカフカの狂気に対する間接的な応答として理解することができるでしょう。さらに私は、別のところ、つまり『死を与える』において、イサクのくくりつけについて、すでに一人以上のアブラハムについて、もう一つの読解を提示したことがありますが、それへの後書きとしても理解することができるでしょう。多数の、しばしば虚構《フィクション》的なアブラハムについて、キルケゴールやレヴィナスの〔について〕。

いまや、これらのフィクションの背後で身を守ることなく、私自身をさらけ出すことをはじめなければなりません。

そんなことは可能でしょうか。

いずれにしても私は、私にとって、私において、今日、結局、二つの歴史を識別することが可能だとも思っていないし、そうすることが正当化できるとも思っていません。分析的な勘定〔＝数え上げ〕は困難でしょうし、もしかすると終わりがないかもしれませんが、私はまさしく「結局〔＝勘定の果てで〕（au bout du compte）」、結局、二つの歴史を、と言いたいと思います。

どのような歴史でしょうか。どのようにそれらを数え上げるのでしょうか。あるいは説明（rendre compte）するのでしょうか。あるいはよりよく言えば、どのようにそれについて説明責任を負うことができる（comptable）のでしょうか。たとえば、一方で、私の経験において、もっとも内密ないしもっとも曖昧模糊とした、もっとも読解しがたい、私の「ユダヤ人であること（être juif）」に触れるものと（どのようにこの「ユダヤ人であること」という表現を理解するにせよ、私はもう少し先でこの表現の争点をいっそう複雑なものにするでしょう――すべてを同時になすことはできませんから）、他方で、書きものであれ教育であれ、倫理、法ないし政治であれ、市民的な行動であれ、哲学であれ文学であれ、私の「ユダヤ人であること」の目立った指標を必ずしもつねにもたずとも、私の仕事、出来の良い生徒や出来の悪い生徒の公的な仕事に、こう言ってよければ、いっそう読解しやすいかたちで属しているように見えるものとを、どのように、またどのような権利によって区別することができるのでしょうか。

　しかし、私が今夜、長い時間をかけて行ないたいことは、あたかもこれら二つの秩序が分離されているかのようにすることです。さらにもっと先で、ここで、あるいは他所で、これらの二つのあいだを移行するものについての、一方から他方へと自らを移行させるものについての規則を――少なくとも議論の余地のある仮説として――規定してみたいと思っています。つまるところ、その規則とは私が責任をもたなければならないものなのかもしれません。

　というのも、そう《ウィ》、問題なのは、ここでもまた、責任をもつ＝応答することだろうからです。そしてそう、「諾《ウィ》」と応答することだからです。

　まだアブラハムという名を挙げないうちに、自らの名を呼びかけられて「はい《ウィ》、我ここに」、「私はここにいます」、「私は準備できています」と応答するとみなされているこの族長の巨大な形象を出頭させるべく呼び出すことにすら先立って、知らなければならないのは――そしてこれこそ他のなにものにも先立つ最初のアブラハムの教えなのですが――、もしわれわれにとってすべてが応答によってはじまるのならば、もしあらゆる応答に含まれている「はい」によってすべてがはじまるのならば（たとえ応答が「否《ノン》」であったとしても、「はい、私は応答します」、「はい、我ここに」です）、その場合、どのような応答も、もっとも慎ましいものでも、もっとも凡庸なものでも、なんらかの自己紹介〔自己の呈示〕に対して承諾を与えるものになる、ということです。たとえ、応答する最中に、返事の特定の内容として「否」と言ったとしても、たとえ「いや《ノン》、いや、いや、私はここにはいないし、来ることも、赴くこともない。私は身を引き、逃亡し（déserte）、砂漠（désert）へと向かう。私はあなたの身内ではないし、あなたに対面してもない」とか「いや、私は否定し、〔信仰を〕捨て、認めず、否認する、等々」とか述べたとしても、それでもこの「否」は「諾《ウィ》」と言ったことになるでしょう。「はい、私は「否」と応答するためにあなたに語る、あなたに語りかけています。否定するため、撤回するため、あるいは否認するために私はここにいます」と。

この根源的な「諾」の逆説および優越性について、「諾」を否定しがたい覚醒、根こぎしがたい場の遺産とするこの優先権について、地上のあらゆる「否」をおののかせ、否認のあらゆる否定的な様態を通じて（しかし「否認」（désavouer）するとはいかなる意味でしょうか、これがおそらく私の究極の問いとなるでしょう）、疑問、疑念、懐疑、批判、さらにときにはある種の性急な脱構築解釈のあらゆる否定性を通じて生き延びるこの「諸」について、われわれはいくつもの帰結を引き出すことができるでしょう。すでに私はいくつもの機会に、いくつもの場所で、一度ならずそのことを行なったことがあります。おそらく今回の会議の期間中でもそのことを再び主張しなければならないかもしれません。

したがって、いま一度問題となるのは、応答する＝責任をもつということでしょう。自分自身、自らの名において応答すること、あるいは自らの名に責任をもつことでしょう。〜に対して応答する（誰に？ つねにある者に、複数の者に、皆に、〔女性たち〕皆に、あなた〔たち〕に）、つまり、〜の前で応答すること、そして〜について責任をもつ（自らの振る舞いや発言について、自らについて、自らの名について、たとえば自分の〈ユダヤ人であること〉の有無について、等々）、要するに、われわれがあらかじめ知っているように本質的に度を越しているさまざまな責任を担うことでしょう。いかに応答するか。そしてまずは、問いに対して、たとえば、ジョゼフ・コーエンとラファエル・ザグリ＝オルリ★17が、彼ら自身かくも慎重に、と同時にかくも大胆に、複数形でユダヤ性（judéités）と名づけたものに関して、あらかじめ告げられ、私に対して宛てられたこれらの「問い」に、いかに応答するか。このようにまずもって問われるべき状態に置かれてきたユダヤ性について、いかに応答するか。

長いあいだ、そして早い時期から、私は今回の会議の表題を前にして身を震わせていました

★17　ジョゼフ・コーエンとラファエル・ザグリ＝オルリは、この講演が発表されたシンポジウム「ユダヤ性　ジャック・デリダのための問い」の主催者。両者ともフランスをはじめ各国で活躍する比較的若手の哲学研究者であり、現在コーエンはダブリンで、ザグリ＝オルリはイスラエルで教鞭をとる。コーエンには『ヘーゲルのユダヤ的亡霊』のほかハイデガー論、レヴィナス論などが、ザグリ＝オルリとの共編で『ハイデガーと「ユダヤ人」』などがある（いずれも未邦訳）。

し、いまだに身を震わせています（私に問いが宛てられている！　ユダヤ性に関して！）。さらに、一つのシンポジウムが外見上私に宛てられているように見えるという特権が、これほど私を臆病にさせ、不安にさせ、狼狽させたことはこれまでありませんでした。さらには、ひどい誤解によって、私がここで語るのに自分が適任でない（mal placé）とどれほど感じているか、適任ではない、場違いだ（deplacé）、事柄そのものにふさわしいものからかなりずれている、あるいは前述の問い、複数のユダヤ性に向けられた多様な問いの中心からかなりずれているとどれほど感じているか、今後もどれほどそう感じ続けるかが忘れられてしまうという感情にこれほどひたっていることもこれまでありませんでした――のちに立ち戻りたいのですが、この、複数形の、「ユダヤ性」という語が何を含意していようともそうなのです。教室の奥で、このような問いが宛てられるべきは、その目的地となるべきは、本当に私なのでしょうか。ユダヤ性ないしユダヤ教に関しては、不十分さ、不適当さ、能力の不足――つまり私自身のそれ――を語り終えてはいません。それらは、いっそう甚大であり、また私が恐れているように、単なる不適格さよりもいっそう意味深いものです――もちろんこの不適格さ、無教養さについても同時に私は告白します。しかし、私が説明をしなければならないのは、こうした不足のすべてについて私は少なくとも責任をもたなければならない、ということです。まさしくそうしなければなりません。あなたたちにそうしなければなりません。応答しそれについて責任をもたなければなりません。あなたたちに、ここにいるあなたたち皆の前で。この経験に参加するという、そして勇気と寛大さでもってそのことの意味を引き受けるという格別の名誉を授けてくださった方々の前で。私一人では、そのような可能性を遠くからですら想像することはなかったでしょう。応答する、実のところ、私がまずもって応答しなければならないのは、この場所でわれわれを迎えてくれた人々、とりわけエラルフ氏とマルシアーノ氏★18に対してであり、次いで私の疑いや懐疑に対し説得することに成功し、この会合にあらゆるチャンスを、言い換えればあらゆるリスクを備えさせようと尽力してくれたジョゼフ・コーエンとラファエル・ザグリ＝オルリに、私の不安げな感謝を述べたいと思います。さらに、冒されたリスクと得られたチャンスの二つを区別することができると信じているわけではありませんが、私はおそらくチャンスよりもリスクのほうについてより語ることになるでしょう。ここでも、他の場所でもそうです。もし少なくとも本当に平和を望むならば、たとえば和平交渉において、チャンスとリスクとを解離させることができないのと同様です。たとえばイスラエルとパレスチナにおいてそうであるように。

ところで、ここには一つならずの解離（dissociation）があるのですが、私はそれについていくらか語ることからはじめたいと思います。それらもまた、つまり私が考えている解離もまた、社会

★18　エラルフ氏とマルシアーノ氏とは、シンポジウム「ユダヤ性」の会場となったユダヤ文化施設であるパリ・コミュニティー・センターの所長のラフィ・マルシアーノ（Raphy Marciano）および会長のエドモン・エラルフ（Edmond Elalouf）のこと。

的ないし共同体的な紐帯にとって必ずしも脅威となるわけではありません。というのも、ある種の断絶、ある種の出発、ある種の分離、ある種の紐帯の途絶、徹底的な断裂は、私が思うに、社会的な紐帯そのものの条件でもあり続けているからです。つまり、愛の、ということです。生き生きとした愛、生への終生の（à vie）愛、生のむき出しの（à vif）肯定の条件となっているということです。良かれ悪しかれ、リスクは、だが同時にチャンスは、解離とその反対物とにかかっているのではなく、可能であり、必要でありかつ不可能である解離の経験にかかっているのです。

この二者択一の、この必要であるが不可能である解離のいくつかの形象はすでに告知されています。それには少なくとも三つの形象があるでしょう。

第一に、人格＝人称（personnes）間の解離、つまり人称の文法的な標識、それが指し示しているものと、昨日まであるいは一昨日までなお「主体＝主語（sujet）」と呼ばれていたものとの解離です。この「主語」という語には、純粋に文法的な価値を保っておきたいと思います。私がこうして指示しているのは、単数形および複数形の、男性形および女性形の、第一、第二、第三人称のことです（私、君、彼／彼女、われわれ、あなたたち、彼ら／彼女ら）、すなわち、私はユダヤ人だ、君はユダヤ人だ、彼／彼女はユダヤ人の男ないし女（juif ou juive）だ、われわれはユダヤ人の男ないし女だ、あなたたちはユダヤ人の男ないし女だ、彼ら／彼女らはユダヤ人の男ないし女だ、等々ということです。これらの人称は、互いの人称のうちでいかに翻訳されるのでしょうか。そして翻訳することは可能なのでしょうか。「君はユダヤ人の男ないし女（juif ou juive）だ」から、「ゆえに私もそうである」へと移行することは認められうるのでしょうか。

第二に、本来性と非本来性との（真理と非真理との、とは言わないでおきましょう）解離、つまり二者択一があります。〈本来的なユダヤ人〉／〈非本来的なユダヤ人〉ということです。この区別について、私はサルトルが戦後すぐに行なった有名な、私に言わせれば当惑した利用をのちに取り上げるつもりですが、この区別を信用することはできるのでしょうか。

第三に、ユダヤ性（本日の会合の表題には、judéités という複数形でこの語が置かれています）とユダヤ教との解離があります。この（jewishness/judaism という）二者択一で安心することができるのでしょうか。これについては、ヨセフ・イェルシャルミが、フロイトのモーセについての著作のうちで、これにどのような授爵状を授けているかのちほど取り上げるつもりです。☆29

しかし、これら三つの区別（私／君、私／われわれ、われわれ／あなたたち、私－われわ

☆29　Y. H. Yerushalmi, *Freud's Moses. Judaism Terminable and Interminable*, New Haven, Yale University Press, 1991 ; tr. fr. J. Carnaud, *Le Moïse de Freud. Judaïsme terminable et interminable*, Paris, Gallimard, 1993.〔ヨセフ・ハイーム・イェルシャルミ『フロイトのモーセ　終わりのあるユダヤ教と終わりのないユダヤ教』小森謙一郎訳、岩波書店、二〇一四年〕

れ／彼ら－彼女ら等々、本来的／非本来的、ユダヤ性／ユダヤ教）の信頼度合いに対する私の疑念を、いくつかの論点から主張するのに先立って、ほとんど無垢な打ち明け話（confidence）のような調子で、こうつぶやくことをお認めいただければと思います。ここで――よく言われるように――発言を受けもつことは、自分からあえてすることはほとんどしないし、告白すれば、つい最近までもほとんどありませんでした。そして私がそうするとすれば、それは、私のもとで、長いあいだ、この種の場で、このように規定された場で、このように定式化された主体の前で、「ユダヤ的な」事柄の前で、まさしく、無言（mutisme）でいるよう委ねられている（confié）と同時にそれを余儀なくされている（condamné）と感じとられているものについて、あなたたちに打ち明ける（confier）ためにほかなりません。そう、余儀なくされているのと同じくらい委ねられているのです。保管（garde）してもらうよう委ねるとか、人が沈黙を保つかぎり保たれる沈黙へと委ねると言われる意味で、まずは無言でいるように。あたかも、いささかある種の黙らせ方ないし黙り方が、ある種の秘密が、つねに、ユダヤ教に関して、ユダヤ性に関して、ユダヤ的〔ユダヤ人〕であるという条件ないし状況に関して、まさに私自身のものであると私があえて宣言することのほとんどないこの呼称に関して、一種の保管（garde）、監視（gardiennage）、保護（sauvegarde）を表わしていたかのようにです。あたかも、このような沈黙、特定の、そしてどのようなものでもよいのではない沈黙が（というのも、私はこれまで断じて自分のユダヤという系譜を隠したことはないし、そのことを主張することをつねに名誉だと思ってきたのですから）、とはいえこのような執拗な留保が、一種の保管、監視、保護を表わしていたかのようです。すなわち、それは、守られると同時に守ってくれる沈黙、おそらくは、ユダヤ教のいくばくかを、しかし同時にある種のユダヤ性そのものをもまた保管してくれる沈黙です――ここで、私のもとで。周知のとおり、保管と真理のあいだには、単に語源的なものにかぎられない深い紐帯を見出すことができます。これは私の生のあらゆる苦悩を要約する逆説であり、それをこれからも絶えず展開するつもりなのですが、あたかも、私がかりそめにユダヤ性とあだ名をつけておくこのなにものかを私のもとで保管（garder）しておくためには、ユダヤ教から身を守る（me garder）必要があったかのようなのです。こうして私の人生を秩序立てていたはずの表現、矛盾した命令が、フランス語で言うと次のように私に告げていたのでしょう。ユダヤ教から身を守りたまえ――あるいはユダヤ性からすらも身を守りたまえ。それを保管するためにはそこから身を守りたまえ、つねに少しばかりそこから身を守りたまえ、ユダヤ的であることを保つためには、あるいは汝のなかでユダヤ人であることを保つためには、ユダヤ的であることから身を守りたまえ。汝のなかのユダヤ人に気をつけたまえ。よく見て、警戒し、見張りたまえ。そしていかなる代価を払ってもユダヤ的である、ということをやめたまえ。たとえ汝がその代価にみあってユダヤ的である唯一の、最後の者だとしても、共同体的、さらには民族的あるいはとりわけ国民国家的な連帯を宣言する前に、そしてユダヤ人として語り、態度をとり、立ち位置をとる前に、そこに二度気を配りたまえ。

　このことはすべて、本来的なことなのでしょうか。この本来的という語は、無垢でないことは確かなのですが、その底知れぬ底にはのちに戻ることにしましょう。

　私を保つ沈黙を保つこと、これが指令（ordre）かもしれません――私はこの語を、ほとんど宗教的な意味で、共同体の、あるいはむしろ非‐共同体の、つまり世界からの撤退の孤独の意味で理解しています★19――。つねに、ほとんどつねに、私はこの指令〔修道会〕に委ねられているのでしょう。いささか、みなしごが、どんな国民なのか、あるいはどんな国民国家に属するかわからない孤児が、迷い子が――しかし、この喪失状態にあっても自らをいささか選ばれた者と感じるぼんやりした弱さにややもすると屈してしまうような迷い子が――委ねられるときのようにです。固有名について恐るべき誤解を受けるという危険がありつつも呼びかけられていると感じてしまうのです。

　私はこの秘密の保管へと委ねられている、あるいは、私よりもかくも巨大で深刻な秘密を保管するよう委ねられているのですが、それはあたかも、それに関する正しい言葉が私に与えられていないかぎり、あるいはそれが命じられていないかぎり、この保管に忠実でなければならないという任務を受け取ったかのようなのです。その言葉とは、私が発明しなければならな

★19　「指令」と訳したordreには、宗教的な意味としては「修道会」という意味がある。ここで「非‐共同体」とか「世界からの撤退」と言われていることは世俗世界を離れた修道士のようなイメージが重ね合わされているだろう。

い、私が発見し、私のもとで私の外で出会わなければならない――そしてあらゆる代価を払ってても守らなければならないものです。私はその時が来たとは思いませんし、確信もしていません。それどころではありません。私が知っているのは、もしその日が来たとしても、それについての決断は私に帰属することはないだろう、その確信もけっして確証されるはずはないだろうということです。その名に値する呼びかけというのは、その名に値する名の呼びかけというのは、名宛人の方には、いかなる確信も生じさせることはないでしょう。そうでなければ、それは呼びかけではないでしょう。

無言でいること、強情な沈黙――先に述べたように、私はそうするようまったく委ねられていたのですが、そうするよう余儀なくされてもいたのでしょう。誰によって、何によって、どこで、どのように。それが私の問いです。というのも、一種の秘密の選びによって、しかし本質上不確かで、つねに黙示録的ないし滑稽な誤解を受けがちな選びによって、ただし一つの民族の選びではとりわけないような選びによって――こちらのほうは反‐選び、つまり、選びの反例でしょう――、自分が委ねられていることに対し信頼をもつこと(confiance)、それを打ち明けること(confidence)、つまり、こうした沈黙の掟に私の身が捧げられ、運命づけられ、委ねられてきたということ――そうしたことを、私がつねに、ほとんどつねに、どこから来たかわからない救済なき救済の約束されたチャンスであると感じてきたとしましょう。ええ、そうとはいえ、同時に私は、分かちがたいかたちで、自分がそこで、選びや宿命的な選択についての同じ漠たる意識によって、居住地を指定されている、宣告されている、余儀なくされている、劫罰に処せられていると感じてきたのです。私は、この宿命的な選択を通じて、超越的で形をもたない権能によって、出生以来、あるいはほとんど出生にさいして、沈黙へと追い込まれ、障害や傷に襲われるように無言症に襲われてきたのでした。したがって、私が語っている沈黙というのは、選ばれたものであったのと同時に選ばれてはいなかったのでしょうし、いまもってそうなのでしょう。私によって私なしに、私のうちで私によって、決断不可能なかたちで決断されたのでしょうし、いまもってそうなのでしょう。悲劇的なものという、あるいは滑稽な誤解という終わりなきリスクを抱えて。

余儀なくされていること（condamné）、あるいは劫罰に処せられていること（damné）——それは、労苦を払わなければならないこと、損失（damnum）、損害、過失を償わなければならないこと、犯された過誤であれ、ア・プリオリに任され、課せられた（英語で言われるようにcharged な）過誤であれ、償わなければならないことです。いかなる過失、いかなる損失、いかなる損害、いかなる傷をでしょうか。この問いはもしかすると開かれたままとなるかもしれません。この問いは、一つの傷跡と同じように閉じることなく、つねに、ほとんどつねに、私の無言症に付きまとい、私の発言を断絶させ、私の言葉をあらゆる言語の縁へと押しやり、押し返し、そこに引きとどめるような問いです。そしてまさにここで、私は、いまにも言おうとしている側から、この問いについての次のような問いに導かれることになるでしょう。その問いとは、なぜア・プリオリな有責性ないし責任、根源的な負債、先天的な過誤といった大きな謎、ほぼ（quasi）普遍的で存在論的なテーマ系は（これはいたるところで、とりわけ、キルケゴールやハイデガーといった、自称キリスト教的、反－キリスト教的、あるいは無神論的な思想家のもとで出会うものです）、なぜこうした特異な告発についての普遍的な論点は、私のもとでは、これまでつねに、ほとんどつねに、漠然と、ユダヤ性ないしユダヤ教（ここでもまた、この区別についての私のいくつかの問いはもう少し先のために残しておきましょう）に対する私の帰属なき帰属の問いに結びつこうとしてくるのでしょうか。

今夜、私は、これまでほとんどつねに、私を「黙すること」につなぎとめ、委ね、余儀なくしたこの「なんだかわからぬもの」について、告白ないし否認をしなければならないだろうと感じています。少なくとも、沈黙を破る振りはしなければならないでしょう。かくも危険で、いまだ私にとってはいささか想像しがたいままのこの会合を案出するというイニシアティヴをとってくれた方々に、私の不安気な感謝をいま一度――それでもけっして十分言ったことにはならないでしょうが――言うためにすぎないとしてもです。もちろん、もし私が、自らがユダヤ人であることないし、〈ほぼ（quasi）ユダヤ人であること〉について、あるいは、ユダヤ教への信じがたい帰属について私が公的に語るのは今日がはじめてだと言い立てたとしたら、それは嘘になるでしょう。私はしばしばそのことに挑戦してきましたし、とりわけここ一〇数年は、挙げることはしませんが多くの場においてそのようにしてきました。とはいうものの、私はそのようにするたびごとに、単にそのように見せかけたにすぎません。実のところは、多かれ少なかれ計算された術策を用いたり、学術的たらんと、現象学的な宙吊りや引用符ないし括弧の作用によって、概して熟慮のうえでの省略を経ることで、そこで自分がしていることを十全にすることを避け、自らが署名していることに印をつけることを避けていたのです。このような避けることなく避け、告白そのものを打ち消すような振る舞いを思考し、言い表わすためのカテゴリーはあるでしょうか。それはわかりません。それを否認、非本来性（この語についてはすぐに立ち戻りましょう）、二枚舌と呼びましょうか。私の気持ちとしては、これらの語のどれも、私が語っている「ユダヤ」という範例ないし事例をうまく使いこなすのに適していないばかりではありません。こうした問題系は、この事例を起点にして思考しなおされなければならない、この事例が範例性の価値までも奪い去るような、そうした深淵を起点にして思考しなおされなければならないと感じているのです。

　この会合に先立つ期間ずっと、そして昨日もなお、私はここで、これらの問いすべてについての、学術的な、哲学的な、注釈的な、「脱構築的な」演説を行なうべきではないかと自問していました。ここでのちに、たとえば質疑応答のさいなどにそうすることを断念するわけではないし、また別のところでは私はそうしてきているのですが、私にとってより好ましいと思われるのは、いっそう生《なま》のかたちで私自身を開陳することです。たとえば、次のように問い、それがどのようだったか思い出すよう、端的に自分に思い出させるよう、それゆえ私自身を自分自身へと呼び覚ますよう試みることによってです。すなわち、いかに「ユダヤ」という語が（「ユダヤ教」やとりわけ「ユダヤ性」という語よりもいっそう前に）やってきたのか。新参者としてではないにせよ、来客のようにして、私の幼少期の言語のなかに、私が最初の語を発したアルジェリアのフランス語のなかに乗り込み、私のもとにやってきたのか。今晩は、舞台もそれ用には整えられていないわけでもありますし、「ユダヤ」というものが私の言語にやってきたことのこの記憶喪失についてまでは手が届かないでしょう。この名称は、私にとっては耳なれないままでありつつ、自分の固有名よりも私のなかの深いところにあり、世界のほかのどの名称よりも、私がそこから出発した「諸」そのものよりも、そこから離れることは不可能だと先に述べた「諸」そのものよりも基本的で消し去ることができないものであり、実のところあらゆるものがそこに由来し、衣服やさらには私自身の身体そのものよりも私の身体の近くにあるものなのですが。

しかし、周知のように、われわれが、一つの語について、一つの語の歴史について、ある語彙（vocabulaire）とわれわれの関係について、ある名称（vocable）の召命（vocation）や召喚（convotation）とわれわれの関係について問うてみると、生じてくる誘惑があります——不可能な欲望なのですが、それは、固有名の出現に匹敵するほど新しく、それゆえ特異な呼称の前例のない生起が最初にどこにあったのかを位置づけようとする誘惑です。私にとって、私のアルジェリアでの幼年期において、「ユダヤ」という語のこうした公現はいかなるものだったのでしょうか。

この種の問いに対しては、人物に同定される本当の固有名であれば、応答することは——つねに可能ではないにせよ——いっそう簡単でしょう。その場合は、一つの指示がわれわれを導くことになり、われわれはその呼称が誰を指しているかを知ることになるし、その人物についての誤解はあまりありそうではありません。われわれは、あれこれの人物の名ないし姓が、ほとんどの場合はその指示対象を伴って、いつ最初に現われたのかを知っているとつねに思っています。それがいっそう困難になるのは、実のところ私にとっては不可能になるのは、語が——名詞であろうとなかろうと——、形容詞や普通名詞のかたちで、普通〔共通（commun）〕になるときです。

ところで、私がまだ一度も知るにいたっていない、なにかしらのことも知るにいたっていない呼称が二つあります。とりわけ、どのようにしてそれらが私にやってくるにいたったのかも、それらが普通名詞であれ固有名詞であれ名詞をなしているのかも知るにいたっていません。そしてそれらは、私の知るかぎり、私の記憶の暗闇のなか、どこで、いつ、どのようにして、それらの語の公現が私に対し日の目を見たのか、私に対し日の光を与えたのかをなんとしても探ろうとしている呼称なのです――私に関して。

普通のものでも固有のものでもない二つの呼称、二つの名称、二つの語、それは〈パパ〉と〈ママ〉ではなく、〈神〉――そして〈ユダヤ〉です。「神」という語（私はつねにフランス語の語についてフランス語で話しているのですから、フランス語における）の最初の公現をとりまく気がかりな記憶喪失に対し、私は「割礼告白」のなかで少なくとも示唆だけはしておきました。☆30 したがってここではそれについて直接語りなおすことはしないでおきましょう。私は多くのテクストにおいて、それほど自伝的ではないかたちで、神の名をめぐってあえて筆を執ることもしてきましたが、それについても語りなおすことはしないでおきましょう。しかし、「ユダヤ」という語は、私の家ではまず聞いたことがないように思います。一つの社会的、民族的ないし宗教的な共同体への帰属を分類したり、いわんや同一視したりするための中立的な呼び方としても用いたことも一度もないと思います。それを聞いたのはエル・ビアールの学校でだったと思います。それは侮辱（injure）、ラテン語では injuria、英語では injury と呼びうるものをすでに担っていたのです。侮蔑、傷であると同時に不正義でもあるような、合法的な集団に帰属する権利であるよりも権利の拒否であるようなものです。そこで私は、なにかしらのこ

☆30 J. Derrida, « Circonfession », dans *Jacques Derrida*, avec G. Bennington, *op. cit.*

とを理解する以前に、この語を衝撃として、告発として、あらゆる権利に先立つ非合法化として受け取りました。私に対してもたらされたこの衝撃、これを私は、とはいえそれ以降、もっとも特異なかたちで署名され、割り当てられた私の振る舞いの本質そのもののなかで、つねに携えていなければならなかった（porter）、そこに含み入れてなければ（comporter）なければならなかったのでしょう。あたかも、ありとあらゆる記憶にすら先立って、こうしてもたらされた衝撃に私が副署しなければならなかったかのようにです。この語、こうした行為遂行的な宛名（「ユダヤ人」というのがこの宛先ですが、これは言い換えると、ほとんど不可避的に、あたかもすべて含み込まれているかのように、「汚いユダ公！」ということでもあります）、この呼びかけは、あらゆる確認よりも古く、あらゆる事実確認的なものよりも太古から、傷をもたらす矢、武器ないし放射物のかたちをしていたのですし、いまもそのままで、それを携えています。それは、j.u.i.f というそれぞれの文字の鋭利で湿った物体によって、ただ一度きり、そして永久に、根こぎできないくらいあなたの身体に突き刺さり、そこから離れず、ちょうどあなたに突き刺さった釣り針や銛のように、あなたの身体を内部から思うがままにしにくるのです。次いでそれを、つまりこの語を引き受けたり、何千ものしかたで取り扱ったり、その下に自らの名を書くこと、引き受けること、署名ないし副署することを名誉としたりすることはできますが、いずれにしても私にとっては、この語は、この割り当ての、この暴露的な露呈の、さらにはこの根源的な告発の、あらゆる過失ないしあらゆる行為にも先立って非対称的に帰せられている有責性ないし責任の刻印を保っているのです。この *juif*〔ユダヤ〕という語にふさわしいかたちで言うとすれば——ふさわしいかたちでというのは、この音節の音声的および可視的な形態の点で、この語をなす各文字の波乱に満ちた生という点で、その口頭での発音するさいや図画として素描するさいの荒々しい物音という点で、その名詞ないし形容詞にふさわしいものに見合ったという意味ですが——、「juif《ジュイフ》」の「.j」と「oui《ウィ》〔諾〕」、「je suis《スイ》〔私はある〕」、「je suis juif〔私はユダヤ人である〕」の「suis」と、「je suis juste《ジュスト》 en tant que juif〔私はユダヤ人として正しい〕」、「je suis juste un Juif〔私はただのユダヤ人である〕」あるいは「juste un juste〔ただの義人〕」、「ただの正しいユダヤ人であるだけ（rien que juste un Juif juste）」の「juste〔正しい／ただの／義人〕」とのあいだ、あるいは「そう、正しくあること、正義《ジュスティス》ないし法よりも正しくあることを享受《ジュイ》するただのユダヤ人、そう私は、人呼んで、正義よりも正しい、ただの正しいユダヤ人であると自認するユダヤ人である。ユダヤ人には正義よりも正しくあることを要求しなければならない、そのようなユダヤ人とともにあることを要求しなければならない、そうした者には、他者に対し、そう、法や正義よりも正しくあることを要求しなければならないユダヤ人である、等々」のあいだ——そこで訴えかけねばならないのは、詩的な発明力および記憶力に対してであり、記憶喪失の大胆な帰結としての発明の力に対してでしょう。そこでは、幻想についての考古学を行なう術ないし才、そして今夜ここではできるとは思いませんが子供の勇気も必要でしょう。いずれにしても、一つのシンポジウムにおいては、またそのジャンルの掟に従うと、そのための舞台も、時間も、空間も、与えられていないのではないかと思っています。

終わりなき言説が必要とされるところですが、ここで二つ短い指摘をしておきたいと思います。

1　一方で、哲学の歴史ないし存在神論の歴史において、たとえばニーチェ、ハイデガーないしレヴィナスや、他の多くの人々において、根源的な有罪化ないし糾弾、有責性ないし責任（ドイツ人は幸運にも Schuldigsein とたった一語でこれを言い表わすことができます）というテーマ、あらゆる契約に先立つ、なにかと契約を結ぶのに先立つ根源的な負い目、負債、負い目ある存在といったテーマを、真剣に、また別の仕方で取り扱う必要があるたびごとに、ええそうです、まさに、私がこの大きな哲学的問題系に身を投じるたびごとに、私は、記憶の底なしの底から、この〈ユダヤ人であること〉という非対称的な割り当ての経験が回帰するのを目の当たりにしていたのでした。この経験には、私にとって巨大な、そしてもっとも疑わしく、もっとも問題含みの資源となったものがすぐさま対となります。それは、誰であれ、ということは他のさまざまの人々のなかでユダヤ人についてとくに――まさに典型的なユダヤ人こそがとまでは言いませんが――、用心して、警戒していなければならない資源、すなわち、範例主義（exemplarisme）という巧みに仕組まれた資源です。これについてはおそらく語りなおすべきでしょう。ここで範例主義というのは、人がユダヤ人と呼ぶ者において、人間存在の普遍的な構造をもった範例的な形象、すなわち、この根源的に負債を負い、責任を担い、有罪である存在という形象を認めること、あるいはそう同定すると言い募ることに存します。あたかも選びないし反‐選びとは、真理の、掟の、本質の、実のところここでは、普遍的な責任の見張り番として選ばれた、という点に存するかのようにです。ユダヤ人がユダヤ的であればあるほど、人間にとって、人間的な責任の普遍性をいっそう代表するようになる、いっそうそれに責任をもたなければならなくなる、ということです。この範例主義には恐るべき誘惑があります――ツェランも含め、多くがそれに屈してしまったものです。この誘惑は、近代のどのナショナリズムにおいても働いています。ナショナリズムは、特殊性ないし還元しえない差異を要求したことなど一度もなく、普遍的な範例主義への、ということはつまり、生ける者も死せる者も含め万人に対する、また万人の前での、限界なき責任への、この差異のうちに受肉した歴史的な責任への使命を要求してきたのです（ここで挙げることはしませんが、これについては千もの例を挙げることはできるでしょう。この問いは、選びの思想に関する問い、一つの民族ないし一人の個人の選びに関する問いとともに保存しておくことにしておきましょう。そこではこの問いは、(昨日の、今日の、そして明日の) イスラエル国家をめぐる巨大で、甚大で、つらく、また恐ろしい問いとも通じるのですが、ここでは避けることも性急にそこに接近することもしないつもりです。したがって、それについてはのちに立ち戻りましょう。もしかすると、明日か、さらには明後日に語りなおすことになるかもしれないのですが)。

範例性という表題のもと、そしてとりわけ、「割礼告白」に引用した一九七六年のノートのなかで行なっていることですが、自分に「最後のユダヤ人 (le dernier des Juifs)」というあだ名をつけて戯れることなく楽しんでいるとき (joue sans jouer) 規則的に反 - 例と呼んでいるものを表題として、自分のことをこう紹介しましょう。[☆31] すなわち、もっとも少なくユダヤ的である者、もっともユダヤ人にふさわしくない者、本来的なユダヤ人の称号に値する者のなかで最低〔最後〕の者、と同時に、そうであるがゆえに、場所との、局地的なもの、家族的なもの、共同的なもの、民族的なもの等々との、根こぎ的で普遍主義的断絶の力ゆえに、万人のなかでもっともユダヤ的な役割を担うことを楽しむ (joue à jouer) 者、さまざまな世代からなる遺産を引き受けることを定められた最後の、唯一の生き残り、割り当てを前にして、あるいは選びを前にして、つねに他者と見間違えられる危険を犯しつつ——このことは選びの経験の本質に属することです——、応答ないし責任を償うことを定められた最後の、唯一の生き残りだと。あたかももっと

☆31　J. Derrida, « Le dernier des Juifs, que suis-je », « Circonfession », dans *Jacques Derrida*, avec G. Bennington, *op. cit.*, p. 145.

も少ないものがもっとも多いものをなしうるかのようにです。あたかも（おそらくすでにお気づきでしょうが、私はしばしば「あたかも（comme si）」に依拠していますが、それは意図あってのことであり、戯れているわけでも簡便だからでもありません。というのも、詩的なものであれ文学的なものであれ、あたかもがもつある種のもしかすると（peut-être）が、結局のところ、私がここであなたたちに打ち明けているものの核心で脈打っているからです）、あたかももっとも否認する者、共同体的、宗教的な帰属、さらには民族、国民、国家等々への帰属という教義を裏切るように見える者、あたかもそうした者のみが、自らが裏切り偽証する当のものの最終的な要請、誇張的な請願を代表しているかのようなのです。そこから次のような掟が私にやってきます。早熟で、漠然としたかたちで、一種の非屈折性の光線を通じて、秘密にしておくよう定められた運命を告げる誇張的な文句を私に命じる、見たところ二律背反的な掟です――ちなみに、だからこそ、私は真剣に、マラーノという形象をいっそう用いるようになっています。その掟とはすなわち、できるだけユダヤ的でないようにせよ、そうすれば、いっそう、またより良くユダヤ的になるだろう、というものです。いっそう根底的に、（共同体的、国民的、国家的、宗教的な）場所ないし紐帯のある種の教条主義と断絶せよ、そうすれば、まったき他者の特異性を前にした普遍的で不釣り合いな責任の誇張的で度が外れた要請、もしかすると傲慢（hybris）と言いうるものにいっそう忠実になるだろう、ということです（「まったき他者はまったき他者である」――ある日私はレヴィナスにこう応答したことがあります。おそらくまたあとで、このほとんど翻訳できず、おそらくは倒錯した言い回しのほとんど統御しえない争点について語ることになるでしょう)。そこで私は、自分に語りかけ、自らを呼びかけたのですが、この呼びかけは、限界なしの、すなわち超倫理的、超政治的、超哲学的な責任の場から私に到来するように見えました。――君もすぐに理解したように、と自分に言い聞かせたのですが――「ユダヤ的」と言われるもののもっとも失地回復運動的な底で酵素を燃やしているような責任です。それゆえ、次のような最上級の二律背反のおそるべき帰結と調和する必要があったわけです。すなわち、もっとも少ないものがもっとも多いものであり、もっとも少ないものがもっとも多いものの逆説的な条件であり、ある種の偽証の経験が忠実さのつらく根源的な持続であるということです（私はこのことを『アデュー　エマニュエル・レヴィナスに』やその他の場所でもう少しうまく説明したことがあります[☆32]。偽証という主題は、根底では私がもっとも忠実であった主題の一つです。そしてここで私は、――かつてラバトで行なわれたアラブ人やイスラム教徒の友人らとの共同での省察の表題をそのようにつけたことがあるのですが――、「一つ以上のものへの忠実さ」について語らなければならないでしょう[☆33]。この「一つ以上のものへの忠実さ」とはあいかわらず「受け継ぐに値する」はずの不可能かつ必要なチャンスだからです）。この経験は、さらにいっそう残酷なものです。というのも、私はナルシシズム

☆32〔編注〕Jacques Derrida, *Adieu — à Emmanuel Lévinas*, Paris, Galilée, 1997.〔ジャック・デリダ『アデュー　エマニュエル・レヴィナスへ』藤本一勇訳、岩波書店、二〇〇四年〕

☆33〔編注〕J. Derrida, « Fidélité à plus d'un », dans *Cahiers intersignes*, Fethi Benslama (éd.), 1998.

的なへつらいなきへつらい（déplaisante complaisance）から、そして次のような範例主義の名残から身を離すべきではないかと自問してきたし、いまも自問しているからです。範例主義の名残というのは、結局最後の者にとっては、「もっとも少ない」を「もっとも多い」にするようなある種の誇張法の掟、誇張法の反転があるのではないかと私に思わしめたものです。いまだ範例的にユダヤ的であるような、ユダヤ人男性の身体を、さらにはその割礼された身体を経由するような、老アブラハムの記憶を経由するような、さらには契約によって諸国民の父となるよう再び命名されたさいのもう一人のアブラハムの記憶を経由するような、そうした掟の傲慢があるのではないかと思わしめたものです。このようなナルシシズム的で範例主義的な誘惑、選びについてのこのような繊細で、狡猾で、自己中心的な解釈――これもまた知られているように、こうした解釈は国民国家主義のもっとも暴力的な、さらには軍国主義的で植民地主義的な形態までいたりうるものです――、そうした誘惑や解釈からは根こぎによって解放されることも必要であったし、さらには、まさしく普遍的で誇張的な正義、法を横断するがしかし超過もするような正義という同じ要請の名のもとで、それらに対抗することも必要でした。

　あくる日には、もう少し叙述的な様態で、そしておそらく明後日には、物語を超えて、私は自分のアルジェリアでの幼年時代のこのような経験の逆説的な効果を描こうと試みるようになるかもしれません。それについてはすでに他のところで語ったことがあります。植民地アルジェリアの恒常的で、全般的で辛辣な反ユダヤ主義、戦中はそれが悪化、激化し、ヴィシー政権の政策に先んじ、それ以上のものとなることもありました。フランスの市民権の喪失、土着ユダヤ人という地位。学校からすべてのユダヤ人の子どもと教員が排除されたこと。これには他の教員たちは抗議の声をつぶやくことすらありませんでした――少なくともアルジェリアのフランス人の側はそうです。というのも、アルジェリア人にはこの試練においてユダヤ人との連帯をいっそう示す者もいたからです。これらはすべて、事柄の痛ましい深刻さにもかかわらず、ヨーロッパのユダヤ人の――さらにはフランスのユダヤ人ですらそうですが――悲劇とはまったく比較しうるものではありませんでした。その恐るべき悲劇のことをわれわれは知る由もありませんでしたが、のちになって、まさに同じ理由のために、それに対する私の同情心、私の怯えた憤怒は、自分の身内たちが被ったユダヤ人としての意識というよりもむしろ、普遍的な意識を駆り立てるものでしたし、いまもそうです。根底では、そこにこそ私が図式的に描こうした逆説的な効果があるのですが、私が体験した迫害された若きユダヤ人の苦痛（これはヨーロッパで体験されたあらゆる苦痛と結局のところかなり共通していると同時に比較しえないものであって、そのためにそのことについて私が語るのを押しとどめるあらゆる慎みが増大するのですが）、この苦痛のために、私のなかで、あらゆる共同体への基本的な信頼が、そしてその性質がどのようなものであれ、あらゆる融合的な群居性（grégalité）への基本的な信頼がおそらく失われたのでしょう。もちろん、第一に挙げるべきは、民族的、宗教的、国民的な根を言い立てる反ユダヤ主義的な群生（attroupement）です。私は、あえて恐るべきと言うべき迅速さをもって、そのさまざまな兆候を知ろうと、その症状を解読しようと目を光らせていたのでした（ときおり私はこう問うこともありました。反ユダヤ主義の症状や、分かちがたくそれに付随している含意の体系全体を解読することは、私が解釈することを覚えたはじめてのコーパスではなかったかと。あたかも、読解することができるためには――あるいは「脱構築」することができるためにはと言う向きもあるかもしれませんが――、まずもって反ユダヤ主義を読解すること、さらには脱構築することを覚えていなければならなかったかのようにです）。しかし、それと同じ苦痛、症状を解読するための同じ強迫ゆえに、逆説的なことに、そしてまた同時に、私は共同体および共同体主義一般に対して警戒するようになりました。第一に挙げるべきは、私のまわりでユダヤ的なものを構成していたものがもっていた、やはり融合的で、ときには劣らず群居的な、反動的な連帯感でしょう。一〇歳のときからすでに（そのときに学校からの排除とアルジェリアにおける公的かつ公認の反ユダヤ主義の絶頂がありました）、私のなかで薄暗い感情がかたちづくられていました。その感情は、まずは未開のもので、徐々に熟慮が重ねられていったのですが、それは、両側から帰属が遮断されている、妨げられているという感情です。一方は、もちろんのこと公然たる敵の反ユダヤ主義者ですが、他方はこう言ってよければ「私の」側のものです。その帰結が、私にとって、そして一種の政治哲学にとっていかなるものであったかはのちほど述べたいと思います。この政治哲学というのは、そのときから私のもとで粗野に練り上げられはじめ、その後もあらゆる共同体に対して、さらにはセファルディ的、そしてとりわけアシュケナージ的といったあらゆるユダヤ文化に対して、家族や民族に対し、さらには共同体的、国民的ないし国民国家的な感情に対し引き続き練り上げられることになったものです。もちろん、この内部からの不安げな異邦人的な警戒、不眠症的な不信は、この点に関していっそう範例的であるイスラエル国家という現象に対しても欠かさず向けられてきました。若きイスラエルの歴史を特徴づけていたいっさいの暴力や、その創設の原理そのもの、創設の条件に対してもそうですし、多かれ少なかれ連続的に、その運命を方向づけていた――そしていまなお方向づけている――その政治に対してもそうです。いま私が言及している幼年期および青春期は、このかくも特異的であると同時にかくも類似したこの国家の発端、次いでその創設と、時間のうえでは一致していましたし、シオニスト的な呼びかけは戦後のアルジェリアでも強く響いていました。正しかったか誤っていたかはともかく、私はこうした呼びかけに応答しなければならないと思ったことはなかったし、それが可能だったわけでも、そうする術をもっていたわけでもありませんでしたが、しかし、正当な、複雑な、かつ賢慮に富んだかたちで、しかし同時にできるかぎり率直なかたちで、イスラエル国家に対する私の不安気でへつらいのない判断に、私自身がどのような理由をこめてきたか、そしていまなおこめているのか述べることをさらに試みたいと思います。昨日、一昨日、そして今日も。もちろん、この判断は、不安気で、不安と同情でおののいたものですが、しかし、当然のことながら、イスラエルおよびその存続に帰されると私が考える正義の観点でも、人がイスラエルに期待する、しかもユダヤ人が、ほかの誰にもまして、さらには他の誰よりも先にイスラエルに期待する権利をもっている正義の観点でも、へつらいのないものであらんとしていたものです。一昨日も、明日も。

　さしあたり、私は、私の言うところの切除（retranchement）についてだけ強調しておきたいと思います。それは、傷口そのものにおいて、反ユダヤ主義が私のうちに残した癒合しがたい傷口において決断され、切り出されたように思われる切除、切れ目のことですが、とはいえ、私自身の共同体と言われるものも含め、あらゆる共同体の外部へと切除することでもあります。私は、選びといういっそう困難かつ問題含みの言葉で語ることはしないとしても、範例主義的な誘惑に用心するほどにまでこのユダヤの文化を研ぎ澄ましていたのですが、ユダヤ人よりもいっそう少なくユダヤ的であると同時にいっそう多くユダヤ的である、可能なかぎり少なくユダヤ的であると同時にこの上なくユダヤ的である、ユダヤ人以上の者、範例的にユダヤ人であると同時に誇張的にユダヤ人である者として、この過酷な切除を感じとっていたし、いまなお感じとっています。もっとも多いものが比較にならないほどもっとも少ないもの、あるいは他のもの、比較級以上の最上級になるという、互いに追いかけあい、追跡しあい、責め立てあうような過剰なもののこうした競り上げ、私はこれをいたるところで見出してきましたし、この競り上げのほうも私をいたるところで見出してきました。見かけ上も実際上も、私がなんらかのユダヤ問題へとテーマを向けることをしていない場合でも、いくつもの書きもの、教育、論点のなかにその幾千もの兆候を見つけることができるでしょう。続く議論のなかで挙げることになるのは、もしかするとそのうちのいくつかの事例だけということになるかもしれません。

2　他方で、いましがた述べた傷口および切除については、私はその最初の出来事を一九四〇年代のフランス領アルジェリアの反ユダヤ主義の暴力の経験に位置づけました。すでに私のうちのなにかが、それを決定的で、規定的で創始的なトラウマとして体験していたと同時に、すでに二次的な、つまり第二の、すでに結果的なトラウマとして体験していたのでした。掟によって、言い換えれば記憶しえない《イメモラーブル》反復、あるいは太古からの《イメモリアル》反復によって割り当てられたようなトラウマとしてです。とりわけ時間が足りませんので、ここでこれらについてはなにも語ることはしないでおきましょう。とはいえ、語るとすれば、私としては、この切除が割礼の記憶しえない記憶とどう関わっているのか、あるいは関わっていないのかについて語ったでしょう。私が一九六〇年代より公刊してきた『弔鐘』、『絵葉書』、『シボレート』ないし「割礼告白」のようにそのことを明白に語るテクストばかりでなく[☆34]、あらゆるテクストにおいて、「割礼」という異名をとった出来事、私の割礼へのかぎりなく不眠の監視が書き留められています。私は、この割礼とは、一度しか起きなかったが、その最初の行為からすでに、反復を刻んできたものだという論証を試みてきました（某友人は、私がすでにそれについて打ち明けていたからなのですが、私に対して、このシンポジウムが私にとって第二の割礼となるおそれがあると思っているかと尋ねました。私は、同じくらいの毅然さと軽々しさでもって、「否」と答えましたが、この「否」についての解釈はあなたたちに委ねたいと思います。そのことが意味するのは、その名に値する割礼は一度しか起こってはならない、一度しか起こりえないということなのでしょうか。それとも、再びそれをはじめることができないようにすることを決意したということなのでしょうか。それとも、割礼は、最初のときからすでに、一度以上起きているということなのでしょうか）。

　この運命の論理的骨格、あるいは私は時折こう言うことがあるのですが、この運命の彷徨（desitinerrance）の論理的骨格にとどまるために、ただ次のことのみ指摘しておきましょう。（より多い＝より少ない、より他の、という）この競り上げ、「私は最後のユダヤ人である」というこの公理に関わる解離、切除、そして誇張法が行なってきたのは、いくつもの区別ないし対立

☆34〔編注〕J. Derrida, *Glas*, Paris, Galilée, 1974; *La Carte postale. De Socrate à Freud et au-delà*, Paris, Flammarion, 1980〔『絵葉書Ⅰ』若森栄樹、大西雅一郎訳、水声社、二〇〇七年〕; *Schibboleth. Pour Paul Celan*, Paris, Galilée, 1986〔『シボレート　パウル・ツェランのために』飯吉光夫ほか訳、岩波書店、二〇〇〇年〕; « Circonfession », dans *Jacques Derrida*, avec G. Bennington, *op. cit.*

のもとで私を安心させるということではまったくなく、あらゆる区別および対立を不可能かつ不当なものとすることにほかなりません。逆に、この経験は、（概念的であろうとそうでなかろうと）二項対立的な境界ないし区別に対する私の熟慮のうえでの不信に磨きをかけることとなり、それゆえ一つの脱構築を練り上げるよう、だが同時に、次のような決断ないし責任の倫理を練り上げるよう促してきたのでした。それは、決断〔決定〕しえないものの試練にさらされた倫理、私のうちでの他者の決断としての私の決断という掟にさらされた倫理であり、二つのもののあいだの、たとえば見たところ解離しがたい二つの概念のあいだの二項対立的な境界を信頼することが〈できない〉、あるいはそう〈してはならない〉というアポリアを運命づけられた倫理、それに身を捧げた倫理です。最初の逆説、あるいは原理的なアポリアは、解離の経験、ないし散種的な異質性の経験とは、二項対立的な区別、決定しうる境界、安心させる差異に身を固定し、そこで安らうというかたちでの解離を禁じる経験そのものだということなのです。

　というわけで、先に告知された三つの区別ないし二者択一に最終的にたどりついたことになります（〈ユダヤ（人）〉／ユダヤ（的）、本来的／非本来的、ユダヤ性／ユダヤ教）。すでにお気づきのように、私はそれらを支持しえないものとみなしているのですが。

1　第一に。「ユダヤ性」という語、その複数性やそこで告げられるさまざまな差異に接近することにすら先立って、ユダヤ（的）〔juif〕と〈ユダヤ（人）〔Juif〕〉があることを喚起してきたのは私だけではなかったでしょう。「Juif」とは形容詞なのでしょうか。名詞なのでしょうか。「je suis juif〔私はユダヤ人／ユダヤ的だ〕」というような文をあますところなく転換する〔convertir〕、言い換えれば翻訳することはできるのでしょうか。この命題における形容詞「juif」は、こうして帰せられた〔attribué〕属詞〔補語〕〔attribut〕なのですが（しかし、第一に誰によって帰せられたのでしょうか。そして誰がここで「私」と語っているのでしょうか）。このような「je suis juif」という文をまったく別の文、「je suis un Juif〔私は一人のユダヤ人だ〕」に無邪気に転換することはできるのでしょうか。ここでは帰せられた属詞は、引き受けられた名詞となり、この場合フランス語では大文字を必要とします。ちなみに指摘しておけば、これらの問いは、文法の形式上、フランス語ではとりわけ厄介なものとなります。そこでは形容詞と名詞の「juif」が、同義語とは言わずとも同音語だからです。このことは英語やドイツ語の場合はそうではありません。この「フランス的＝フランス語のユダヤ人」の問題については再び立ち戻る必要があるでしょう。こうして帰せられた属詞《アトリビュ》の「juif」は、形容詞であれ名詞であれ、デカルト哲学やデカルト以後の哲学において、一方で本質的ないし主要属性《アトリビュ》と呼ばれるもの、他方で二次的な属性とか様態と呼ばれるものを指しうるのかについては考慮しないでおきましょう。

　まったく別の種の――同じ型の、あるいはまったく別の型の――転換に先立って、私は、見たところ文法的でもある、一つの転換を見出しました。これについては、私はしかるべき理由をもって、まったく別のユダヤ人も、私と同様、これを問題含みの、さらには不可能なものと考えるだろうと想定できます。問題の転換は、「君はユダヤ人／的だ」、「あなたたちはユダヤ人／的だ」あるいは「女性であるあなた（たち）はユダヤ人／的だ」（名詞か形容詞か、単数か複数か、男性形か女性形か）という命題を、対称的に、「したがって私はユダヤ人／的だ、したがってわれわれはユダヤ人／的だ――あるいは〔女性形の〕ユダヤ人／的だ」という、見たところ相互的な命題へと反転させるというものです。

　私はまだ一人称および二人称についてしか語っていませんが、しかし三人称がおそらくすでに、舞台や控え室に介入してきていたのでしょう。それゆえ、彼らを少し待たせておくのに、なにも無駄にすることのないよう努めることにしましょう。

　この君ないしあなたたちが「私」ないし「われわれ」へと相互に転換するというのは、問題含みの、さらには不可能なことです。わたしが「君は（一人の）ユダヤ人だ」と言われたり、そう割り当てられたりしたからといって、私がそれに署名して、「そう、したがって、君がそう言うのだから、私は（一人の）ユダヤ人だ、故ニ我ユダヤ人デアル（ergo Judaeus sum）――あるいは〔女性形の〕ユダヤ人デアル（Judea sum）、君が私がそうであると言うところの、あるいはそう思っているところのユダヤ人ないし〔女性形の〕ユダヤ人である」と言うには十分ではありません。

そのように言うことは、そうしてみたい誘惑があるとはいえ、必ずしもサルトルの『ユダヤ人問題についての考察』☆35に付き従うことにはなるわけではありませんし、とりわけてそうなるわけでもありません。この著作は、一九五〇年代に私にとって非常に重要なものでしたし、周知のごとく、続く世代のフランスの若いユダヤ人にとって重要でありつづけたものです。つねにそうであるように、知的かつ素朴で、志向のはっきりした、読むべき豊穣な著作です。以前ほど読まれなくなったとしても、当時の「状況」において読み直すべき著作です。それがもつ論理、それはまさしくサルトルがこれもまた「状況」と呼んでいた論理なのですが、それはすぐさま次の命題をめぐって用いられています。

> ユダヤ人とは、他の人々がユダヤ人とみなす人（un homme）のことである［私のもっている版には奇妙かつ意味深い誤植があります。そこには une homme★20 とあるのです。ユダヤ人は une homme〔女性的男・人間〕だということになります］。これが単純なる真理であり、そこから出発しなければならない。（83-84／八二頁）

実際、いささか単純な真理です。他者が私に対して「お前はユダヤ的だ、あるいはユダヤ人だ」と言いさえすれば、私が自分の想定上の「ユダヤ人」というアイデンティティへと生まれ

☆35〔編注〕Jean-Paul Sartre, *Reflexions sur la question juive*, Paris, Gallimard, 1954. 異なる指示の場合以外、参照された頁数はこの版のものである〔ジャン＝ポール・サルトル『ユダヤ人』安堂信也訳、岩波新書、一九五六年。本文中の引用に添えられた漢数字はこの邦訳の頁数を指すが、文脈上必ずしも同じ訳となっていない〕

★20 une は女性名詞につく不定冠詞であり、これが「人」、「男」を意味する男性名詞 homme についているのは誤植だということ。

るためには十分であるかのよう、サルトルが私のユダヤ人の状況と呼ぶものへと生まれるためには十分であるかのようなのです。

だからユダヤ人がユダヤ人の状況（situation）に置かれているのは、彼をユダヤ人と見なす集合体のなかで生きているからである。（88／八六頁）

あるいはこうも言われています。

ということは、ユダヤ人共同体に見かけ上の統一性を保存するものは何か。この問いに答えるためには、状況という観念へと戻る必要がある。彼らをイスラエルの息子たちとするのは、彼らの過去でも、彼らの宗教でも、彼らの土地でもない。そうではなく、彼らが共通の紐帯をもつのは、彼らが皆ユダヤ人の名に値するのは、彼らがユダヤ人という共通の状況をもつため、言い換えれば、彼らをユダヤ人とみなす共同体のただなかに彼らが生きているためである。（81／七九頁）

さらにもう少し先ではこう言われています。

この意味では、民主主義者は反ユダヤ主義者よりも正しい。反ユダヤ主義者こそユダヤ人を作るのだ。（84／八二頁）

サルトルの公理が「状況」とよばれているものに関してなんらの真理もないというのではありません（他の人々と同様、青年期にこの書をはじめて読んだとき、私もそこに、まさしく感謝(reconnaissance)をこめて、前述の状況についての私の経験がそこに承認されている(reconnaître)と思ったものです。そしてすでに、社会がかくも恣意的にユダヤ人とするのは、あの人々よりもこの人々であるのはなぜかという、良識ある問いを発していたのでした）。だが、いずれにしても欠かせないこの分析において、何が実際いささか単純だと思われるかについてもう少し語る前に、三人称に関わる問題を指摘しておきましょう。サルトルはつねにユダヤ人について三人称で語っており、のちにわれわれも聞き届けるように、ユダヤ人の子供自身にとっての三人称の出現についても言及しているのです。

ところで、一九五〇年代初頭から、このかくもフランス的な書物についての私の読解を、そのあいだずっと無限に錯綜したものにしていたのは、単に、ハイデガー由来の、本来性と非本来性（本来的ユダヤ人と非本来的ユダヤ人）という当時かくも自信に満ちた区別への依拠があったことばかりではないのですが、こういうふうにして、先に告知された二つ目の境界、つまり本来的なものと非本来的なもののあいだに主張されている二者択一に取り組みましょう。

2　第二に。したがって、私の自信に満ちた『ユダヤ人問題についての考察』の読解を不安がらせていたもの、実を言えば気を削いでいたもの、それは、まずもって、サルトルが自身の分析をフランスのユダヤ人に限定する、さらにはフランス的ユダヤ人に限定すると明言することで、自信をもって自らの話題を規定し、その境界を確定していることでした。この境界の確定は、論理的には、導きの糸としてその言説の全体を組織している「状況」という概念に基づいています。サルトルはこう書いています。

> もし私がユダヤ人とは誰かを知りたかったら、私は状況内存在であるのだから、まずもって彼に自らの状況を問わなければならない。私は自分の記述をフランスのユダヤ人に限定するつもりだとあらかじめ断っておこう。というのも、われわれの問題はフランス的ユダヤ人の問題だからだ。（73／七一頁）

（同書のいくつかの頁は一九四四年一〇月の日付をもっています。☆36 つまりアウシュヴィッツの

☆36　Cf. Jean-Paul Sartre, *Réflexions sur la question juive*, *op. cit.*, p. 86〔八四頁〕

発見に先立つものです。サルトルが当時ヨーロッパで起きたばかりのことについて気づいていたかどうかに関しては言うべきことが多くあるでしょうが、ここでは措いておきましょう）。ところで、分析から排除されているもの、それは、結局のところ十分明瞭に決定しうる方法論的かつ状況的な境界に従った、あらゆる非フランス的ユダヤ人だけではありません。この境界は、恐るべきことに、そしてかくも人工的に、慣例的に制限されたものであり、実のところ、かくも特異なケースにおいては正当化しえないようなものでありました。こう言ってよければ、そこで場の外に置かれていたのは、あえて言えば私のように、私の世代のアルジェリアのユダヤ人のように、幾千のしかたで、決定しえないかたちで、フランス人でも非フランス人でもなかったあらゆる非外国人《エトランジェ》の異質《エトランジュ》なユダヤ人でもあるのです。そしてこのような境界の未決定は単に市民権に関わるだけではありません。一八七〇年のクレミュー法によって授与されてから一世紀にも満たない若き市民権を、一九四〇年から一九四四年のあいだに、「われわれ」がまずは失い、次いで再び得たということに関わるだけではありません。フランス市民権に関する混乱は、戦争中および私の青年期の大部分の時期にアルジェリアの「土着ユダヤ人」と呼ばれていた者たちにとって（これについては『他者の単一言語使用』[☆37]および「割礼告白」において若干の説明をしました）、宗教、言語、文化に関して、そして私がかつて論証を試みたことがありますが世界でも独特の類型をもっていた植民地の歴史の非常に特異な過程等々に関し

☆37　Jacques Derrida, *Le Monolinguisme de l'autre*, Paris, Galilée, 1996.〔ジャック・デリダ『たった一つの、私のものではない言葉——他者の単一言語使用』守中高明訳、岩波書店、二〇〇一年〕

て、深淵のように錯綜していました。私は、自らをフランス的、非常にフランス的、隅から隅までフランス的だと感じる人々に与しています（フランス語という言語が、そのもっとも翻訳しがたい特有語《イディオム》を回復しようとする運動にあって、根底では、私のあらゆる情熱の情熱的な身体《コーパス》――たとえこれがしばしば沈黙に耽る身体であるにせよ――であるとはいえ、これも別のところで説明したように、ハンナ・アーレントがドイツ語について言うように、「フランス語が私の唯一の母語だ」と言いうるかは定かではないのですが）。隅から隅までフランス的だと感じる人々に与しているのですが、しかしそれと同時に――この点はうまく折り合いをつけなければならない、この解離をうまく取り扱わなければならないのですが――自分のことを根が根底的にもがれた者とも感じ、とはいえ根を別のところで、なんらかの共同体や同定可能な国民国家において再び生やそうという望みはもたずに、言うなればこの根こぎを育んでいると感じる人々にも与しています。のちほどもう少しうまくこのことを述べればよいのですが、とはいえ確実なことは、次のことです。すなわち、私にこの経験がなければ、世界市民主義（つまり世界的な市民権ということですが、それに対して私はもちろん反対しているのではなく、逆なのですが、ただそれが市民権というかたちで領土ないし国家のなかに政治的なものや民主主義を根づかせるということを含むならば話は別です）をも超える「新たなインターナショナル」と私が呼んだものをめぐって、あるいは、砂漠のなかの砂漠とか、コーラとか、メシアニズムなきメシア性と私が名づけたものをめぐって、あるいは、たとえば贈与、赦し、証言、歓待等々における非制約的なものにおける唯一可能な出来事としての不‐可能なものをめぐって、長きにわたって私を引き留めてきたいくつもの倫理的‐政治的なモティーフへ、同じかたちでアクセスすることはなかったでしょうし、ひょっとすると端的にアクセスすること自体もなかったかもしれないということです。これらのモティーフはすべて一連の筋の通ったものであることを私は願っていますが、いずれにしても、それらはすべて、特異的に私のものであり続けている経験と、そしてアルジェリアの――アルジェリアと誤って名づけられたところの、あるいはフランス領アルジェリアとあだ名をつけられたところの――幼い土着ユダヤ人と二重になった幼いフランス的ユダヤ人に幼少期以来刻印されている運命と類縁関係をもっているのです。そのアルジェリアはますますフランスではなくなり、その子供がそこを知っていたのは、結局のところ戦中のみ、一つの戦争からもう一つの戦争のあいだだけであったのですが。

というわけで、私は、いかにサルトルが、自ら三人称でユダヤ人について語りつつ、幼いフランス的ユダヤ人のもとでの、幼いフランス的ユダヤ人の意識の起源における、三人称の出現をも描いているのか明らかにしようと準備を整えてきたのでした。私はまだ、第三者についての普遍的な大問題へと急いで進んでゆくことはしないでおきましょう。この問題は、私にとって、あとになってから、レヴィナスとの読解、解釈、議論の本質的な場所となるものです。レヴィナスについては、即座にここで、あまりにも明白な幾千もの理由から、その思想と追憶とに敬意を表しておきたいと思います。サルトルの記述は、他のいくつものことについてと同様、私自身の幼少期を思い起こさせうるものなのですが、それにもこだわらないでおきましょう。私が『ユダヤ人問題についての考察』から一節を引用したいのは、もう一つの問い、すなわち本来的ユダヤ人と非本来的ユダヤ人の区別についての問いを指示するためです。サルトルはそこで、斜字体で強調して、「特別な名」という表現を書き記しています。ユダヤ人の名は「特別な名」だというのです（92／九〇頁）。私としては、それ以上の注釈はせずに、三人称と、世代を超えた、あるいは系譜的な論理と、「いかがわしく、不安を抱かせる」ないし「狼狽」という語とを強調しておきたいと思います。これらの語は、フロイトないしハイデガーが定期的に「不気味なもの（Unheimlichkeit）」という名のもとで主題化しているものを示唆していますの（同時に我が家におりかつ我が家の外にいる、内密かつ異質、家内におりかつ異邦的であるものの親しみ深い奇妙さのことですが、あたかも不気味（unheimlich）とは結局「ユダヤ」を意味しているかのようなのです――しかも反ユダヤ主義者にとっても、親ユダヤ主義者にとっても、またまずもって、あるいは最終的には、自称ユダヤ人自身にとってもそうなのです。しかし、自称ユダヤ人とは何でしょうか。これが、最終的には、おそらく、私の唯一の問いとなるでしょう）。私が最後に強調したいのは、サルトルが、ついでであるかのように軽く言及しているものについてです。あたかもよりよく理解させるよう定められた教育的な形象が問題であるかのようにです。すなわち、子供が、あるいはむしろ少年が、「幼いユダヤ人の女児」よりもむしろ「幼いユダヤ人の男児」が、自分の両親が性交渉しているのを見るという原光景の性的暴力が示唆されているのです。この早熟の経験を、サルトルは次々と「真理」、「発見」、「啓示」と呼んでいますが、ユダヤ人の子供たちが――これもサルトルが多かれ少なかれ計算して用いている語ですが――自分が「分離されている」、「切除された」と感じとるのは、この経験以降のことなのです。したがって、ここに一種の原光景があるわけです。その過程で、一つの真理が顕現し、自己同一性のなかの動揺の痕跡だけを残して、内部と外部の区別、「我が家」と「我が家」の外部の区別を裁断ないし切除をするのです。

……彼ら［ユダヤ人の子供］はある日真理を学ばなければならない。すなわち、あるときには、彼らを取り巻く人々の微笑によって、またあるときには、風聞や侮辱によって。☆38
(91／九〇頁)

［ここで短い指摘をすることで引用を中断させることをお認めいただけるならば、次のことをはっきりさせておきたいと思います。私のケースでは――このケースは多くのユダヤ人の子ど

☆38 〔編注〕「真理」を強調しているのはデリダである。

もとかなり共通したものだと思いますが――、私は、なにより「侮辱」、苦痛を与える呼びかけによってこそ、恥が過ちに先立ちうること、ありとあらゆる告白にも否認にも異質なままでありうることを理解させられたのでした。この侮辱（injure）は、公認の不正義に先立って、しかし、基礎的な不正義、与えられた苦痛、injuryとして、フランス語で発音されようとアラブ語で発音されようと「ユダヤ」という語から切り離すことのできないものでした。名詞であれ形容詞であれ、この同じ語、同じ属詞は、当時は理解できないものでしたが、「ユダヤ《ジュイフ》」と「義人《ジュスト》」、反ユダヤ《アンティジュイフ》と不正義《アンジュスティス》のあいだで、おそらく知解しえない薄暗い核のようなものをつねに保ち続けているのでしょう。この「ユダヤ」という同じ呼び名は、すでに述べたように、同じ残酷さについての裁断的ないし切除的な経験において、武器と傷、ナイフの刃とつねに開かれた傷口とを同時に構成していました。」

発見が遅くなればなるほど、衝撃はより激しくなる。突然、彼らは、自分たちについて自分たちが知らない何ごとかを他者たちが知っているということ、人が自分たちに、家庭では用いられないいかがわしく、不安を抱かせるという修飾語をあてがっているということに気づく。彼らは、自分のまわりを安全に落ち着いて走ったり遊んだりしている普通の子供たち、特別な名をもたない普通の子供たちの社会から分離されている、切除されていると感じるようになる。彼らは家庭に帰ると、父を見て、こう思う。「彼もまたユダヤ人なんだろうか」。そして父に向けていた尊敬の念が損なわれるようになる。彼らがこの最初の啓示の跡を生涯保つことはないなどどうして望むことができよう。自分の両親が性行為をしているところを突然発見するとき、子どものうちで生じる狼狽については何度も述べられてきた。自分の両親をこっそりと見て、「彼らはユダヤ人だ」と思う幼いユダヤ人が、どうして同様の狼狽を感じないことがあろうか。☆39（92／九〇頁）

サルトルが、特殊な状況について、自称ないし、いわゆる、人が呼ぶところのユダヤ人の状況について、社会学的ないし歴史学的に分析しているものに関して、われわれは容易に——私自身はここでそうするつもりはないのですが——そこに一つの普遍的な構造の範例的な基軸を認めることができるかもしれません。また私は、時間がないために、切除の語彙（「普通の子供たちの社会から分離されている、切除されていると感じる」）やオイディプス的なシナリオをもった教育学にも触れないでおきましょう。ここでオイディプスとは、もちろん、いつものように、人間の名に呼応した者ですが、とはいえここでは、サルトルならば言うように、一人の人間の、人間的な性質を欠いた人間の条件に呼応しています。「自分の両親が性行為をしているところを突然発見するとき〔の〕子ども」。この指摘はもう少し先で、オイディプスの娘、ソ

☆39　サルトルが強調しているのは「特別な名」だけである。

フォクレスのアンティゴネーへの奇妙な参照によって、不運な境遇における「謙虚さ」、「沈黙」、「忍耐」というギリシアの智慧が彼女に伝える忠告へと引き継がれることになります。これらの美徳は、サルトルの説明によれば、非本来的なユダヤ人を反ユダヤ主義へと、そしてマゾヒズムへと導きかねないものです（132／一三六頁）。私としては、ユダヤ人に対し自らに固有のアイデンティティを告げるもの、あるいは自己自身への関係を告げるものについての、掟によって課された構成的な非対称性を指摘しておくだけにしておきましょう。「我ここに」、「私はユダヤ人だ」は、まずもって、他者の指図ないし命令に対する他律的な応答がもつ対格のように響いています。「私はユダヤ人だ」の「私」はまずはこの他者の人質なのです。「私」は「私はユダヤ人だ」ということを最初に知る者ではない、ということです。そこから、私はつねに最後の者、そのことを最後に知る者だと結論するための道程はすっかり出来上がっています。とはいえ、おそらく気づかれたでしょうが、私がそうであるところのこの人質の他律的な非対称においては、レヴィナスが形而上学ないし第一哲学としての——存在論に抗するものとしての——倫理一般に与えた特徴それ自体が、その普遍的な特徴があります。ここでもまた、範例主義の傾向をもった巨大な問いが提起されますが、ここでわれわれは、他者の掟に対する主体の他律性および従属に注意が向けられるさいの言説が、もちろん異なるものではありつつすべて類似しているという、結局のところかなりフランス的な——そして世代的な——布置を分析してみたくもなります。サルトルの言説や（その『ユダヤ人問題についての考察』は、『存在と無』のなかで、自我に対する他者のまなざしについて普遍的な現象学的存在論のかたちで述べられているものに大きく依拠しています）、レヴィナスおよびラカンの言説のことです。このフランス的な布置の系譜は、一本の樹というよりも大きな地下茎《リゾーム》をなすかもしれません。ユダヤ人問題の側では、フッサールが、しかし同様に、ある種のコジェーヴを経由したハイデガーおよびヘーゲルに関するかなり媒介的な読解を通じて再解釈されたフロイトのような人物が見出されるでしょうが、この点についてはいておきましょう。私がこの系統ないし遺産の脈略に対しても、また同様に――とりわけそれが急ぎがちにオイディプス的なかたちをとるときにはそうなのですが――私を安心させてきたというよりもつねに不安がらせてきたこの系譜のモティーフに対しても忠実であったとすれば、私はこう譲歩することもできたかもしれません。すなわち、私自身は、これらのフランスの父たち、あるいはその外国人の祖父たちの、多かれ少なかれ異端の、あるいは非嫡出の孫の世代に属していると。この孫の最初の非忠実性は、この大家族の馴染み深いが不気味な光景のなかで、前述の父や祖父とは別の仕方で、女性〔妻〕について、妻の、母の、娘の、そして姉妹の、ということは兄弟の問題について――アンティゴネーとともに、かつ、とりわけアンティゴネーなしで――取り組むことに存するでしょう。

『ユダヤ人問題についての考察』は、本来的ユダヤ人と非本来的ユダヤ人の二者択一を論証の神経組織ないし分類の確たる葉脈としており、そこではこの二者択一がかくも本質的な役を演じているように見えるのですが、そうであるとしても、私としては、公刊に続く年代に同書が及ぼしたかなりの反響がいまとなっては弱まっていることについては触れないとしても、この二者択一はわずかの分析にも耐えるものではないとあえて主張したいと思います。そう主張するのは私がはじめてではないでしょうが、私としては今晩ここでこれまでとは別の仕方でその主張をしてみたいと思います。しかし、サルトル自身がそれを、つまり本来的／非本来的というこの区別を信じるにいたっていないことを論証するには、多大な労力を払う必要はないでしょう。サルトルは、善意からであれ悪意からであれ、この二者択一にすべてを賭けるその身振りそのものにおいて、その信用を失わせることを余儀なくされているのです。そうする時間は私には与えられていないのですが、たっぷりの論拠をもってこのことを主張することもできたかもしれません。サルトルは、ある日、何名かの彼のユダヤ人の友人が彼に対し本来的ユダヤ人と非本来的ユダヤ人の区別に関する五〇頁ほどの箇所を削除するよう求めてきたことは知っていました。そのため、彼は「反ユダヤ主義者の肖像画」[40]と「フランスにおけるユダヤ人の状況」[41]とを別々に、二度に分けて公刊するよう促されたのでした。

サルトル自身も、この本来的／非本来的という二者択一を真剣に捉えることはできなかった

☆40　J.-P. Sartre, « Le portrait de l'antisémitisme », in *Les Temps modernes*, Paris, décembre 1945.

☆41　J.-P. Sartre, « La situation des Juifs en France », Paris, Paul Morihien, 1946.

はずです。というのも、この二者択一は、少なくとも同一性《アイデンティティ》の原理に、こう言うことが可能であれば、本質的で自分自身に対して同一的な〈ユダヤ人であること〉に訴えかけなければならかったでしょうが、そうすることは「条件」ないし「状況」という概念と両立しえないように見えるからです。「本来的（Authentique）」とは、ギリシア語でもフランス語でも、確証された権力、自分自身のことを語り自分自身であることを統御する力、自己について、自己でありうる自らの権力について確信する者がもつ主権的な自己性を含んでいます。そうすると、サルトルによる本来性とは、状況ないし条件の概念によって「私はある」の存在に関わる自律的な選択が排除されるところで、自らを選択すること、自己自身を、自由に、ユダヤ人として選択することに存するのでしょう。サルトルはこう書いています。

> ユダヤ的本来性とは、自分をユダヤ人として選択することに存している［サルトルによる強調です。この指摘をする存在論的現象学者は、もう少し先で、「そのものとして」も強調して、その重要性を喚起することになります］。言い換えると、自らのユダヤ的な条件を実現することに存している。本来的なユダヤ人は普遍的な人間という神話を捨てている［この命題によって飛び上がったのは一人だけではないだろうと私は理解しています］。ユダヤ人は、歴史において、自らが呪われた歴史的存在であることを知り、そうあらんとす

る「つい先ほどサルトルは「自らを選択する」と言いましたが、この主意主義的で再帰的な意識、コギトの自由や「自らを選択する」、「自らを知る」、「自らを欲する」の「自ら」への信頼は、そのとき以来、信じがたい実存論的精神分析や根源的投企の概念と同様に、この感じの良い知性から私を遠ざけるのにかなりのことをなすことになりました」。彼は逃避すること、身内について恥を感じることをやめた。彼は社会が悪いことを理解した。彼は、社会的な多元主義を非本来的なユダヤ人のナイーヴな一元主義に代えたのである。彼は、自らが別におかれていること、不可触であること、嫌悪され、排除されていることを知っているが、彼はそのものとしての自らを要請するのである。（166／一六九頁）

サルトルは再びそのものとしてのを強調しています。これは、いつものように、意味の、本質の、自己自身の自己同一性に、自己性一般に合図を送るものです。自らの自律に、です。「本来的」という語それ自体と同様にです。ところで、サルトルがこの自己同一性、このユダヤ人の自己同一性を規定しなければならなくなったとき、この種の否定叙述的な形態を――この「否定神学」のレトリックを、と言った者もありましたが――を避けることはできません。ありとあらゆる述語を消し去ったあとで、彼はユダヤ人という概念を、ユダヤ人が自分に帰すことのできるような、言い換えれば引き受けたり要請したりできるような属詞をもたない、非-

概念としているのです。ユダヤ人を非‐概念とするこのような身振りは、他方において、サルトルがユダヤ人に対して、自らがそうであるところのものに本来的になるようそれほど説得しているのでなければ興味深いものになりえたでしょうし、概念を超えて思考させるものになりえたでしょう。ところで、サルトルによれば、結局ユダヤ人は、そして本来的ユダヤ人は、自分のことをユダヤ人として語ることすらできず、誤解を招くことなしには、「我ここに」と自らを規定することも、自らを呈示することもできないのです。というのも、ここでも引用しますが、次のように言われているからです。

ということは、ユダヤ人共同体に見かけ上の統一性を保存するものは何か「見かけ上の（semblant）を強調しているのは私〔デリダ〕です。同様に、もうすぐ私はほぼ（quasi）も強調することになります」。この問いに答えるためには、状況という観念へと戻る必要がある。彼らをイスラエルの息子たちとするのは、彼らの過去でも、彼らの宗教でも、彼らの土地でもない。そうではなく、彼らが共通の紐帯をもつのは、彼らが皆ユダヤ人の名に値するのは、彼らがユダヤ人という共通の状況をもつため、言い換えれば、彼らをユダヤ人とみなす共同体のただなかに彼らが生きているためである。（81／七九頁）

彼らは、自分たちの存在の真理においてユダヤ人であるのではなく、ただ「見かけ上の統一性」においてそのものとみなされるにすぎないのですから、なぜ自分たちが生きている共同体があの人々ではなくこの人々をユダヤ人とみなすのかを規定することによってしかこの不条理な循環から抜け出すことはできないでしょう。ところで、サルトルはこの点についてまったく答えを提案しておらず、この点についての応答の原理すらなしですませているのです。というのも、非ユダヤ人がこの人ないしあの人をユダヤ人だと呼ぶことのできるような理由はすべて、まさしくサルトルによって受け入れられないものであり、信用できないものとされているからです。

A　実際、ある場合には、サルトルは「ユダヤ人種」という語を奇妙に用いています。彼がこの語を自らの責任のもとで用いているかどうかは決定するのが難しいのですが（たとえば、サルトルが、人間的なるものの名のもとで、非人間的な方策を非難しながら、結局人間なるものは存在しないと言っている節がそうです）。サルトルは、強制的な同化政策を引き合いに出し、異議を唱えつつこう明言しています。

「……」そこに、異宗派間結婚や、とりわけ割礼といった宗教実践を狙った厳格な禁止の政策を付け加えるべきかもしれない。私としてはきっぱりとこう言おう。これらの方策は私には非人間的なものに見えると。〔……〕どのような民主主義も、こうした強制という代価を払ってユダヤ人の統合を実現するということを受け入れることはできない。第一、このようなやり方は、反ユダヤ主義の熱狂に囚われている非本来的ユダヤ人によってしか唱えられることはない。それが目指しているのは、ユダヤ人種を抹殺することではまったくない（rien moins）［私は、サルトルは「まさしくそう〔抹殺すること〕だ（rien de moins）」と言いたかったのだと推測しています］。それは、極限にまで推し進められると、人間なるもののためにユダヤ人を純粋かつ単純に取り除くという、われわれが民主主義者のうちに見てとった傾向を表わしている。ところが、人間なるものは存在しないのだ。存在するのは、ユダヤ人、プロテスタント、カトリックである。フランス人、イギリス人、ドイツ人である。白人、黒人、黄色人種である［……］。（174-175／一七八―一七九頁）

B　逆に、ある場合には、サルトルは、ユダヤ性ないしユダヤ教に固有で本質的ななんらかの特徴を肯定することも否定することも同時に避けようとして、奇妙にも、「あたかも」ないし「ほぼ〔quasi〕」の価値に訴えかけていきます。その価値に対して私は異存はないし、私自身も別の仕方で、また別の目的のためにそれを育んできました。だが、少なくとも言いうるのは、この価値は、われわれが本来性に対し、そして本来性の概念に対しもつべきだとされる信頼をあらかじめ損ねてしまうということです。サルトル自身、自分がこの「ほぼ」という小さな恐ろしい語を二回にわたって用いているとき、どのようにそれを信じることができるというでしょうか。

［……］ユダヤ人共同体は国家的でも、国際的でも、宗教的でも、民族的でも、政治的でもない。それは、ほぼ歴史的な共同体だ。ユダヤ人をなすもの、それはその具体的な状況である。彼を他のユダヤ人に結びつけるもの、それは状況の同一性である。このほぼ歴史的な団体を、社会における異質な要素とみなすことはできない。（176／一八〇頁）

たとえ、別の論理でもって――とはいえこれはけっしてサルトルの論理ではなかったのですが――、この「ほぼ」を真剣に捉えて、そこから多くの帰結を引き出すとしても（これは私が別のところで、別の視点から、そして別な事例にもとづいて試みたことですが、目下の話題からあまり逸脱しないためにもそれについて言及はしないでおきましょう）、そう、ユダヤ人についての、ユダヤ人共同体についての、その「見かけ上の統一性」やその「準〔ほぼ〕」歴史性についてのこのサルトルの記述は、婉曲的に言えば、軽薄なものにとどまっています。とりわけ自らを歴史、状況、条件に気を配るものだとする哲学者にとってはそうです。同書を導いている歴史の概念は、かなりおおまかに言ってマルクス主義的、革命主義的なものであり、慎重を期すために言うならば、ユダヤ的な記憶ないし律法についてのまったく別の（内的であれ外的であれ）歴史性へのアプローチは埒外に置かれています。サルトルは、戦争の直後に出された同書がその証言となっているように、ユダヤの伝統、その複数の伝統についての、誤解とは言わないまでも、無知があったと晩年に認めるようになったと思われます。★21

同時に、本来的たるよう、本来的に歴史的たるよう呼びかけられたユダヤ人には、もはや準‐本来性を甘受することしか残されていません。しかも、ここでの非本来的なユダヤ人の定義は、本来的であれ非本来的であれ世界のあらゆるユダヤ人を、そしてその他の人々をもうならせるものです。そのときサルトルは、譲歩を見せる寛大な調子で、自分はそれ、つまりこの非本来的ユダヤ人を、自らが「国民的社会」と呼ぶものにおいて受け入れる準備ができていると語るのです。

　われわれは客観的に――もしかすると厳格だったかもしれないが――、非本来的ユダヤ人の特徴を描いてきた。彼らのうちで、国民的社会において、同化にそれ自体として［これもサルトルの強調です］対立する者は一人もいない。逆に「ここから非本来的ユダヤ人の

★21　ここで念頭に置かれているのは、サルトルが一九八〇年にベニー・レヴィと行なった対談『いま希望とは』だと思われる。そこでサルトルは『ユダヤ人問題についての考察』前後での自らの見方の変化について語っている。Cf. Jean-Paul Sartre, Benny Lévy, *L'espoir maintenant*, Paris, Verdier, 1991.（海老坂武による雑誌掲載版からの邦訳が一九八〇年の『朝日ジャーナル』に三回に分けて掲載されている）。

記述がはじまります」、彼の合理主義、批判精神、契約社会や普遍的な兄弟愛の夢、人間主義は、彼をして、この社会に欠かせない酵母とするのである。(176-177／一八〇頁)

この非本来的ユダヤ人のシルエット(合理主義、批判精神、人間主義)のうちには多くの非ユダヤ人もユダヤ人も自らの姿を認めたがるでしょうが、そこから理解されるのは、本来的ユダヤ人のほうは合理主義、批判精神、人間主義に対し異質となるということです。彼らの多くが憤慨したことは理解できます。

これ以上、教訓話に踏み入るのはよしましょう。私の意図は、理解していただけたように、ここでサルトルを批判することではありません。彼にはしかるべき敬意を表しつつ、また多くのユダヤ人が彼に向けた感謝の証言に私も与しつつ、私の関心にあるのはむしろ、次のような本質的な困難を示すことです。すなわち、ある論理を前にして、もしかすると哲学そのものかもしれない力強い論理を前にして、「我、私はユダヤ人である」(本来的であれ非本来的であれ——あるいは準本来的であれ)というタイプの言明に——それが何を言いたいように見えるかを知りつつ、またそのことを言わんとしつつ——署名すること、その末尾に署名すること、副署することの本質的な困難を示すことです。そしてこの本質的な困難について、私はサルトルの言説を告発したいというよりも(たとえそこに実際にかなり脆弱な論理やレトリックが見出されるとしても）、証言することもしてみたいのです。私がそうしているように、それが何を言っているか知りつつ、またそのことを言わんとしつつ、「私はユダヤ人だ」と言うこと、それはまさしく困難であり、かつ目がくらむほどのものです。そのことを思考しようと試みるためには、それを言ったあとでなければなりません。したがって、ある仕方で、そこで自分が何をしているかまだ知らずにでなければなりません。ここではすることが知ることの前に来て、かつてないほど、知ることに異質なままにとどまるのです。してはならないこと——これが、サルトルの論理に対する私の限定的な批判の基底にあるのですが——それは、知らないはずなのに、何を言っているかを知っているつもりでいること、あるいは知っていると思っている振りをしていることです。ここでもまた、別のところでしているように、この点について別の言語で展開することもできたでしょうが、その時間は私には与えられてはいません。結局のところ、サルトルがこの（本来的／非本来的の）区別があらかじめその妥当性の点で限定的であること、支持しえないものですらあることを、暗黙のうちに、実践的に認めているとしても、逆に、彼は、この区別がいたるところで通用しているように見えつつ、当時の言説全体において、まずは『存在と時間』のハイデガーにおいて通用しているように見えつつ、この区別の瓦解がどこから来て、どこへ行くのかを知らないのです。そのハイデガーにとって、本来性の問いはおそらく真理の問いよりもいっそう根源的でいっそう強力なものなのです。この区別の瓦解は底なしの底からやって来ます。さらにそれは計算不可能な帰結をもっています。私は与しませんが、この帰結は惨憺たる、破壊的なものだと言う者もあるかもしれません。もちろんその帰結は、これらの言説すべての論理に対して、その実存論的な公理系に対して、それらが少なくとも呼びかけている論理と政治に対して波及しますが、まずもって「ユダヤ人であること」の意味に対して、次のようなタイプのいっさいの自己紹介的な言表の射程や用い方そのものに対して波及するでしょう。「私は自分がユダヤ人であると認める」あるいは「我ここに、私はこれこれのタイプのユダヤ人である」。あるいはさらに、「誤解の余地はない。そういうわけで、私は、自分をユダヤ人と名のる、そう呼びかけられている」。

とすると、ここで私にとって重要となっているこの決定しえない振動、不可能な「あるいは、あるいは」とはどのようなものでしょう。頭を回し、めまいを誘う振動とはどのようなものでしょうか。人が好いたり嫌ったりするこのめまい、それを通じて人が好いたり憎んだりするめまいを誘うこの振動とは。それは、〈ユダヤ人であること〉、本来的か非本来的か決定することがけっしてできない「私はユダヤ人である」は、非本来的なものによる本来的なものの根源的な汚染の多くのケースのなかの一ケース、一事例とみなすこともできるし、あるいは、逆に、次のように考えることもできるということです。すなわち、自称ユダヤ人のほうであれ、いわゆるユダヤ人のほうであれ、あるいはその他のものであれ、〈ユダヤ人であること〉と呼ばれるものの経験は、範例的に、この区別を脱構築するものであり、この対立の信用を、そしてそれとともに実のところはあらゆる概念的な対立の信用を濫費するものであると。そうすると、〈ユダヤ人であること〉とは、一般的な脱構築の戦略的ないし方法論的な一介の梃子以上のもの、それとは別のものかもしれず、その経験そのもの、そのチャンス、脅威、運命、地震であるかもしれません。それは、脱構築の超範例的な経験、究極的に、終末論的にあるいは倒錯的に範例的な経験かもしれません。というのは、この経験は、範例性それ自体にわれわれが置いてきた信頼、あるいはお望みであれば信仰を問いただすものかもしれないからです。この経験は、超範例的であり、範例的なものを超え、範例的なものとは別のものであるわけですが、それと同時に、あなたたちが思い描くようなあらゆる哲学的および政治的帰結を伴って、自らの範例性そのもの、唯一者ないし唯一の民族の単独性のうちに具現化された自らの普遍的責任を脅かすものかもしれません。そしてそれとともに、「ユダヤ」という語の意味のうちで安らぎうるものすべて、さらに契約、選び、したがって民族、国民についての、終末論的ないしメシア主義的（messia*nistes*）（私はメシア的（messia*niques*）とは言いませんが、この区別についてはおそらくのちほど立ち戻ることになるでしょう）な約束のうちで安らぎうるものすべてを脅かすかもしれないのです——国際法上のあらゆる属性によって武装した、さらには端的に武装した国民国家の近代的および哲学的形象についてはなにも言わないでおきましょう。この点について、私があなたたちに、単に、そしていまだこのように言うことができるならば私の名のもとで打ち明けたかったこと、それは私が、「非本来的」ユダヤ人についても、とりわけ「本来的」ユダヤ人についても、そしてサルトルの限定的で非常にフランス的な意味でも、また自らの帰属、記憶、本質ないし選びについていっそう確信したユダヤ人であれば私に理解、期待ないし要請するかもしれない意味でも、それが何かを明らかにする資格があると思ったことは一度もないにもかかわらず、「私はユダヤ的だ」ないし「私はユダヤ人だ」と言おうとこだわっているということなのです。私は非本来的ユダヤ人たらんとも、本来的ユダヤ人たらんとも、準本来的ユダヤ人たらんとも、想像的ユダヤ人たらんとも欲していませんし（私はアラン・フィンケルクロートがこの表題のもとで分析している経験については、すべてではありませんが、多くを共有しているのですが）[☆42]、そう主張するつもりもありませんし、サルトルのいう「準歴史」とは異なる歴史を参照してもいるのですが、その私は何の名で、何の権利でいまだ自らをユダヤ人であると語ることができるのでしょうか。なぜ、私は自分が応答している呼びかけについて、それが私に差し向けられているかどうかも確信していないにもかかわらず、あらゆる同一性、あらゆる統一性、あるいはあらゆる共同体を超えたところで、本来的なものであれ、非本来的なものであれ、準本来的なものであれ、それについて自分が何を言わんとしているか、そこで自分が何を言わんと欲するかについても確信していないのにもかかわらず、そうすること

☆42 Alain Finkielkraut, *Le Juif imaginaire*, Paris, Le Seuil, 1980.

にこだわるのでしょうか。ええそうです、私は自分がそのことを知らないということを知っていますし、そのことを自分は知っていると思っている人々はみな、たとえ彼らが、実のところ、私が知っているとおり、私よりはるかにそのことについて知っているとしても、本当はそのことを知らないのではないかと疑ってしまいます。私が言いうることはせいぜい次のことです。すなわち、市民としての、そして市民権を超えた私の公的な行動の先端で、私の書きもの、思考、教育（これについては私はいままで語らないことを規則としてきました）の作業のもっとも鋭く、しかしまたさらけ出された先端で、ほとんどすべてのものを組織してきたのは、この問いがもつ論理、その含意ないし帰結がもつ論理であると論証することもできたかもしれない、ということです。私が呼びかけに応答しつつ、自分のことをユダヤ人として紹介＝呈示すること、本来的でも、非本来的でも、準本来的でもなく、「私はユダヤ人だ」と言うこと、自らにそう言うこと、そうすることに私がこだわるとき、何が生じているのでしょうか。何が起きているのでしょうか。どのような出来事が問題なのでしょうか。自分が何を言わんとしているか知らないのに、自分が言わんとしうるものをすべて批判し、否認し、「脱構築」することができるのに、私よりも資格がある多くのユダヤ人はそれについていっそう知らないのではないかと疑っているのに。このケースにおいて、行為と知、信と知のあいだに何が生じているのでしょうか。意味を超えて、言わんとすること（vouloir-dire）を超えて、ユダヤ人である私が、「我ここに」と言い、肯定し、署名し、維持することにどのような意味がありうるのでしょうか。私は自分がもしかすると呼びかけられてなかったことを知っているのに、もしかすると――知る由もないが――呼びかけられたのは私ではなかったのに、「我ここに」と言うこと、そのことにこだわることに〔どのような意味がありうるのでしょうか〕。まだありません。もしかすると未来においてはありうるかもしれませんが、しかしまだありません。行き先に関する、それゆえ選びに関するいっさいの確信が宙吊りにされたままであること、疑いによって脅かされ、不安定なまま、一つの決断――私がその孤独な主人のような、つまり本来的な主体ではないような決断――の未来にさらされたままであるということ、このことが、もしかすると呼びかけの経験および責任ある応答の経験に属しているのでしょう。まさしくもう一人のアブラハム、カフカの言う二人目のもう一人のアブラハムはそうではなかったのですが、確信している者は誰であれ、自分が、自分だけが、まずもって自分が、クラスで最初に呼びかけられたのだという確信をもっていると思う者は誰であれ、責任および選びというおそるべき、未決の経験を独断的な戯画へと変容させ、堕落させるのです。そのもっともおぞましい帰結、とりわけ政治的な帰結は、今世紀のうちに想像することができます。

　ここに本来的なもの、非本来的なもの、準本来的なもののあいだの決定不可能性の経験があるのだとすれば、ええそうです、ここでもまた、すでに別のところで決断および責任一般に関してできるだけ形式化されたかたちで述べることを試みたように、この決断〔決定〕不可能性あるいは不可能なものの矛盾的な経験は、宙吊りにしたり麻痺させたりする中立性ではまったくありません。私はそれを、決断が――その名に値する（さらにもしかすると「ユダヤ」という名ないし属詞に値する）どのような責任もまた――そこで呼吸をしているような条件そのもの、実のところその環境ないしエーテルとみなしているのです。強調しておくと、この経験のもっとも鋭い場所に、この経験の先端に、これまでつねに、ほとんどつねに私につきまとってきた問題のすべてが回帰します。単に、「お前はユダヤ人だ」と「私はユダヤ人だ」のあいだの対称的な区別が、本来的なものと非本来的なものの区別と同じように所与でも確実でもないというばかりではありません。それればかりでなく、私は、先に提示した三つ目の二者択一を信頼できるものとするにいたらないのです。これについては、論を締めくくる前に一言だけ触れておきましょう。それは、不可分の境界をめぐって、ユダヤ教（judaïsme）とユダヤ性（judéité）とを分かつとされる二者択一です。ユダヤ教、ユダヤ性、ユダヤ人性（judaïcité）（メンミ）★22、ユーデントゥム、イディッシュ性――アシュケナージ性やセファルディ性については語らないにせよ――のあいだには隔たりがあると提案されることがありますが、そこに入ってゆくことは――おそらくは必要なことですが――私にはできないので、私としては、このシンポジウムのタイトルが「ユダヤ性」でもあるため、私の友人のイェルシャルミが『フロイトのモーセ』のなか

★22　アルベール・メンミ（Albert Memmi, 1920-）は、チュニジアに生まれフランスで活躍したユダヤ人の作家。『ユダヤ人の肖像』、『イスラエルの神話：ユダヤ人問題に出口はあるか』といったユダヤ人論のほか、『人種差別』、『脱植民地国家の現在』などの著作がある（いずれも邦訳あり）。なお、「ユダヤ人性」はメンミの提示した概念で、ユダヤ人の社会学的、心理学的、生物学的な特徴としての「ユダヤ性」から区別され、実際のユダヤ人たちの集合をさす（「パリのユダヤ人性」など）。

で働かせているものに限りたいと思います。[☆43] この賞賛すべき著作については、別のところ、『アーカイヴの悪』で、別の観点から論じたことがあります。[☆44] ユダヤ教とユダヤ性（英語では**judaism** と **jewishness**）の区別は、たとえば、フロイトが、私的にであれ、ヘブライ語版『トーテムとタブー』の序文においてであれ、自らのユダヤ教について否定を通じて（via negationis）語るさいに述べたとされることから例証されるでしょう。フロイトは、自らがこの聖なる書物の言語を知らず、自分の父たちの宗教にもあらゆる民族的ないしナショナリスト的な理想にも異質であったことを認めつつ、おおよそ次のように付け加えています。このユダヤ人（つまり彼自身）にこう尋ねたとしましょう。「あなたは、あなたの同郷人と共通するこれらの特質をすべて捨てたのですから、ユダヤ的なものとしてはあなたには何が残るのでしょうか」。彼はこう答えます。「たくさんのもの、そしておそらくはその本質そのものです。この本質をすぐさま言葉を使って表現することはできないでしょう。しかしある日、この本質が科学的な精神にとっても近づきうるものとなることは疑いありません」[☆45]。イェルシャルミもまた、ユダヤ教（judaism、文化、宗教、歴史的、さらには民族的ないし「国民国家的」共同体等々）と、他方ではユダヤ性（jewishness）との区別に賭けています。後者は、ユダヤ教からは独立したユダヤ的本質、すなわちユダヤ教が有限かつ終わりのあるものにとどまるのに対して、終わりなくそれを生きながらえることのできるユダヤ的存在〔ユダヤ人であること〕の本質的な同一性です（彼の著書の副題、『終わりのあるユダ

☆43 Y. H. Yerushalmi, *Le Moïse de Freud, op. cit.*

☆44 〔編注〕Jacques Derrida, *Mal d'archive*, Paris, Galilée, 1995.〔ジャック・デリダ『アーカイヴの病』福本修訳、法政大学出版局、二〇一〇年〕

☆45 Sigmund Freud, *Totem et Tabou*, Standard Edition, vol. 13, p. xv.〔「ヘブライ語版『トーテムとタブー』への序文」嶺秀樹訳、『フロイト全集』第20巻、岩波書店、二〇一一年、二〇三頁〕

ヤ教と終わりのないユダヤ教』はここからきています)。イェルシャルミはこうして、最小限のユダヤ性に対しいくつかの特徴を与えるのですが、それについて私は別のところで[☆46]、それらの特徴がどのような権利でユダヤ人にあてがわれるのかと問うたことがあります(たとえば、記憶の崇拝、期待ないし未来への開放などです)。私としては、この区別の原則そのものを突き崩すために、あるいは、純粋に文脈的な便宜上その妥当性を認めるにしてもこれを限定的なものとするために、二つの側から、次のような二重の反論が彼に寄せられるのではないかと思います。一方は、そうした最小限の特徴は普遍的なものであって、範例性という不安を抱かせる論理にさらにつけ込むのでなければ、それをユダヤ人に固有のものとする必要はないというものです。他方は、それらの特徴がいかに普遍的なものであれ、それが告げられる仕方は独特でまさしく範例的なもの、つまり、歴史的な啓示における選びによる、とするものです。そうすると、それは、ユダヤ教と呼ばれるものにおける、書かれたもの、記憶あるいは期待に依存するものとなるでしょう。これら二つの反論の論理においては、ユダヤ性とユダヤ教という二つの極を厳密に分離することはもはや不可能です。もちろん、ユダヤ性を構成するとされる記憶ないし期待は、ユダヤ教に固有の伝統、約束、選びから解き放つことは可能のように思われます。しかしながら、そうしなければならないかどうかはともかく、この解き放ちの理念そのものものやその運動、この解き放ちの欲望を、ユダヤ教の与件のなかに再び根づかせることは可能

☆46 Jacques Derrida, *Mal d'archive*, *op. cit.*, p. 120 sq.〔一二五頁〕

でしょう。つまり、どれほど記憶喪失に脅かされていようとも、律法を与えられたという歴史として残り、ユダヤ的な事柄への、「ユダヤ」という名ないし属詞への参照の究極の守り手を象るような、そうした出来事の記憶のなかに再び根づかせることは可能でしょう。われわれは、ユダヤ教なしのと言われるようなユダヤ性においてもいまだそこから遺産を受け継いでいます。この遺産は消し去ることができず、消去や解放、さらには否認の経験にまでその名が刻まれているのです。

しかし、振動ないし決定不可能性は、漠として不確かな遺産の経験に刻印を残し続けているし、あえてこう言うならば、刻印を残し続けなければなりません。いずれにしても、私は自らのもとでこの経験を止めることはこれまでできませんでしたし、この経験のほうが私の生のなかに刻まれた決断や責任を条件づけてきました。しかしそれは、私が署名しなければならないと考えていた次のようなすべての言説の、もっとも定式化された、もっとも抵抗力のある、もっとも還元不可能な論理を構成しているのです。（今夜、その論証をあなたたちに押しつけるつもりはないのですが）その言説というのは、エクリチュールや痕跡についての、掟と正義と法権利の関係についての、私がメシアニズムなきメシア性と呼んだものについての、世界市民主義や国家的ないし存在‐神‐論的な主権性を超えたインターナショナルについての、国民国家的市民権を超えた来たるべき民主主義についての、生／死ないし現前／不在の対立を超えた亡霊性についての、そしてとりわけ、歴史に先立ちあらゆる人類‐神‐学的啓示の出来事に場を（与えることなく）与える場としてのコーラについてのものです。これらのいずれの方向にも、同時にあるいは順番に、次のような二つの矛盾した公準を認めることができるでしょう。一方は、そこにこそ（歴史的、倫理的、政治的等々の観点からすれば）、啓示や選びをめぐるあらゆる教義から解き放たれる条件がある、というものです。他方は、この解き放ちこそ、啓示ないし選びの内容そのもの、理念そのものとして解釈されうる、というものです。たとえば、あらゆる否定神学のさらに彼方で場を開くというこの無人間的、無神学的な場、局所性であるコーラというギリシア語の名のもとで私が解釈していることのすべて――その政治的な未来にいたるまで――ほど、ユダヤ人たちの神や律法の歴史にとって異質なものはないように見えます。しかし、このようなかたちでの場についての解釈は、ユダヤ人たちの神のある種の呼び方と深い類縁性をいまだ保っているということも可能です。この神は〈場〉でもあるのです。

こうしたことすべては解釈されることを待っており、この解釈とは、単に解釈学ないし釈義に限られず――こうしたことは必要であるとはいえ――、行為遂行的《パフォーマティヴ》なエクリチュールないし読解でもあり、そしてあらゆる行為遂行的な習得〔統御〕《メトリーズ》を超えた、出来事の歓待であり、到来するものの到来（メシアニズムなきメシア性）の歓待である――そう語ることは、来たるべきもの（l'à-venir）を語ることです。来たるべきもの、言い換えると他なるものが、「ユダヤ人」、「ユダヤ教」ないし「ユダヤ性」が何を意味していたかを決定〔決断〕するのでしょう。この来たるべきものは、誰の領有物でもない（単に哲学者、釈義家、政治家、軍人等々だけのものではない）とはいえ、来たるべきものとして、必然的に、預言的であると同時に詩的な発明の経験に依存することになるでしょう。詩人‐預言者はつねに〈聖なる書物〉のなかに名をもっているわけではないし、宗教界や文壇で名のとおった作家ないし著者であるわけではありません。彼らは誰でもよい――そしてどこでもよい者でありえます。彼らはしばしば、いくつかの状況では、軍司令官の任務を帯びることもありえます。天才的な司令官、預言者でないにせよ詩人の司令官、扇動的な司令官、平和を扇動し、しばしば自分の命を代価としてそのようにする司令官がいます。そのうちの一人はわれわれも知っています。詩人で義人の司令官（généraux）の対極に、平和を扇動する寛大な者（généreux）とは逆に、戦争を扇動する司令官もいます。彼らは最悪なことをしたり、させたり、あるいはなすにまかせたりしますが、しばしば共有されているその盲目さのため、征服をめざす攻撃への旺盛な欲が、死の欲動を隠蔽しうること、さまざまな犯罪のなかでも、自死に、自分の、あるいは自分に近しい人々の自死に行き着きうることを見ていないのです。

だからこそ、私はつねにこう考えたくなるのです。たとえば、一人のカフカのような人が、自分の虚構《フィクション》的な書きもの《エクリチュール》によって岩山を叩き、多くの未来よりもいっそう多くの未来を生じさせ、われわれを次のような真理へと呼びかけます。その真理とは、少なくとも私がそれを解釈するかぎりは、誰であれその呼びかけに応答する者は、自分が正しく聞いたのか、根源的な誤解はなかったのか、そこで響いていたのは本当に自分の名なのか、自分がまさしくその呼びかけの唯一ないし最初の宛名なのか、自分が暴力的に他者の身代わりになるところなのではないか、この身代わりの掟は、責任の掟でもあるのだが、警戒ないし不安の無限の増加を求めるのではないか――こう疑い、問い続けなければならないというものです。私が呼びかけられたのではないということも可能であるし、誰も、どの〈一者〉も、誰も、なんらかの〈一者〉を、なんらかの独特な者を、誰のことをも呼びかけなかった、ということも排除されません。宛名〔目的地〕における根源的な誤解の可能性は悪ではありません。それは、その名に値するいっさいの呼びかけの、いっさいの名づけの、いっさいの応答の、そしていっさいの責任の構造なのであり、もしかするとその使命そのものかもしれないのです。

いい、いい、もしかすると、さらにもう一人のアブラハムがいるかもしれません。単に、老いて別の名を受けとり、九九歳になって、自分の割礼のときに、一陣の文字によって、自分の名の真ん中のhの文字に気づいた者だけではなく、また、もっとあとになって、〈聖書〉が言うように、モリヤ山で天使から、まずは「アブラハム、アブラハム」と、次いで二度目もまた、空の高みから、二度にわたり二回呼ばれた者だけではありません。もしかすると、単にアブラムばかりでなく、続いて、二度にわたり、アブラハム、アブラハムがいるのでしょう。

さらにもう一人のアブラハムがいるということ、つまりこれこそが、私が今日まで知っているなかでもっともユダヤ思想を脅かすものなのであり、しかし同時にもっとも目がくらむほど、もっとも究極的にユダヤ的なものなのです。

というのも、あなたたちは私の言ったことをしっかり聞いていたでしょうか。「もっともユダヤ的（la plus juive）」と私が言うとき、私は「ユダヤ以上（plus que juive）」ということをも意味しているからです。もしかするとこう言う向きもあるかもしれません。「別のしかたでユダヤ的」、さらには「ユダヤとは他なる」、と。

訳者あとがき

本書はJacques Derrida, *Le dernier des Juifs*, Paris, Galilée, 2014の全訳である。

本書は、もともと別々になされた二つの講演からなる。第一の講演「告白する――不可能なものを」は、「いかに共に生きるか」を主題とする一九九八年の第三七回フランス語圏ユダヤ人知識人会議でなされた。第二の講演「アブラハム、他者」は二〇〇〇年の国際シンポジウム「ユダヤ性　ジャック・デリダのための問い」でなされた。フランス語ではそれぞれすでに会議録に収められ公けになっているが（原注5および27を参照）、それらが二〇一四年に一冊にまとめられ、ジャン＝リュック・ナンシーの序文とともに一冊にまとめられたのが本書である。

デリダは、一九三〇年に当時フランス領であったアルジェリアのユダヤ人家庭に生まれた――このことはよく指摘されるが、これまでデリダの経歴や思想が、その幼少期ないし少年期の逸話を除いて、「ユダヤ」という語と結びつけられることは稀であった。本書に収められた二つの講演は、晩年のデリダが、自らの「ユダヤ性」について振り返り、そこへと「回帰」するかのようにして、「ユダヤ人であること」の問題に正面から取り組んだという点で特筆すべきものと言える。本書は、同時に、「赦し」、「和解」、「責任」、「歓待」、「死」、「動物」といった、九〇年代以降にデリダが展開していた問題系と密接な関係をも有している。とりわけ「いかに共に生きるか」という問いへの応答を試みる第一の講演は、デリダの思想やユダヤという文脈を離れても、「共生」の仕方に苦しむわれわれにとっていくつかの手がかりをもたらすだろう。

ユダヤ思想由来の概念やデリダを含む現代哲学における「ユダヤ」の問題など日本の読者には馴染みの薄い論点も多く、ある程度の解題が要されるところであるが、契約上の問題でかなわなかった。『季刊　未来』二〇一七年冬号に掲載予定の拙文で若干の解題を試みる予定であるので、ご関心の向きにはそちらをご覧いただきたい。

二〇一六年九月　　　　　　　　　　訳者

【訳者略歴】

渡名喜庸哲（となき・ようてつ）

一九八〇年、福島県生まれ。

東京大学総合文化研究科博士課程単位取得退学・パリ第7大学博士課程修了。

現在、慶應義塾大学商学部准教授。

専攻：フランス哲学・社会思想。

主な著書に『終わりなきデリダ』（共編、法政大学出版局、近刊）、『カタストロフからの哲学：ジャン＝ピエール・デュピュイをめぐって』（共編、以文社、二〇一五年）、主な訳書に『エマニュエル・レヴィナス著作集』（共訳、法政大学出版局、1―2巻、二〇一四―二〇一六年）、ジャン＝リュック・ナンシー『フクシマの後で：破局、技術、民主主義』（以文社、二〇一二年）、ピエール・ブーレッツ『20世紀ユダヤ思想家』（共訳、みすず書房、二〇一一―二〇一三年）ほか。

【ポイエーシス叢書69】

最後のユダヤ人

二〇一六年一〇月一一日　初版第一刷発行

定価……本体一八〇〇円＋税

著者……ジャック・デリダ

訳者……渡名喜庸哲

発行所……株式会社　未來社

東京都文京区小石川三―七―二
振替〇〇一七〇―三―八七三八五
電話（03）3814–5521
http://www.miraisha.co.jp/
info@miraisha.co.jp

発行者……西谷能英

印刷・製本……萩原印刷

ISBN978–4–624–93269–5 C0310

ポイエーシス叢書

（消費税別）

1 起源と根源　カフカ・ベンヤミン・ハイデガー　小林康夫著　二八〇〇円
2 未完のポリフォニー　バフチンとロシア・アヴァンギャルド　桑野隆著　二八〇〇円
3 ポスト形而上学の思想　ユルゲン・ハーバーマス著／藤澤賢一郎・忽那敬三訳　二八〇〇円
5 知識人の裏切り　ジュリアン・バンダ著／宇京頼三訳　三二〇〇円
6「意味」の地平へ　レヴィ＝ストロース、柳田国男、デュルケーム　川田稔著　一八〇〇円
7 巨人の肩の上で　法の社会理論と現代　河上倫逸著　二八〇〇円
8 無益にして不確実なるデカルト　ジャン＝フランソワ・ルヴェル著／飯塚勝久訳　一八〇〇円
9 タブローの解体　ゲーテ「親和力」を読む　水田恭平著　二五〇〇円
10 余分な人間　『収容所群島』をめぐる考察　クロード・ルフォール著／宇京頼三訳　二八〇〇円
11 本来性という隠語　ドイツ的なイデオロギーについて　テオドール・W・アドルノ著／笠原賢介訳　二五〇〇円
12 他者と共同体　湯浅博雄著　三五〇〇円
13 境界の思考　ジャベス・デリダ・ランボー　鈴村和成著　三五〇〇円
14 開かれた社会―開かれた宇宙　哲学者のライフワークについての対話　カール・R・ポパー、フランツ・クロイツァー／小河原誠訳　二〇〇〇円

15 討論的理性批判の冒険　ポパー哲学の新展開　小河原誠著　三二〇〇円

16 ニュー・クリティシズム以後の批評理論（上）　フランク・レントリッキア著／村山淳彦・福士久夫訳　四八〇〇円

17 ニュー・クリティシズム以後の批評理論（下）　フランク・レントリッキア著／村山淳彦・福士久夫訳　三八〇〇円

18 フィギュール　ジェラール・ジュネット著／平岡篤頼・松崎芳隆訳　三八〇〇円

19 ニュー・クリティシズムから脱構築へ　アメリカにおける構造主義とポスト構造主義の受容　アート・バーマン著／立崎秀和訳　六三〇〇円

21 スーパーセルフ　知られざる内なる力　イアン・ウィルソン著／池上良正・池上冨美子訳　二八〇〇円

22 歴史家と母たち　カルロ・ギンズブルグ論　上村忠男著　二八〇〇円

23 アウシュヴィッツと表象の限界　ソール・フリードランダー編／上村忠男・小沢弘明・岩崎稔訳　三二〇〇円

25 地上に尺度はあるか　非形而上学的倫理の根本諸規定　ウェルナー・マルクス著／上妻精・米田美智子訳　三八〇〇円

26 ガーダマーとの対話　解釈学・美学・実践哲学　ハンス＝ゲオルク・ガーダマー著／カルステン・ドゥット編／巻田悦郎訳　二二〇〇円

27 インファンス読解　ジャン＝フランソワ・リオタール著／小林康夫・竹森佳史ほか訳　二五〇〇円

28 身体　光と闇　石光泰夫著　三五〇〇円

29 マルティン・ハイデガー　伝記への途上で　フーゴ・オット著／北川東子・藤澤賢一郎・忽那敬三訳　五八〇〇円

30 よりよき世界を求めて　カール・R・ポパー著／小河原誠・蔭山泰之訳　三八〇〇円

31 ガーダマー自伝　哲学修業時代　ハンス＝ゲオルク・ガーダマー著／中村志朗訳　三五〇〇円

32 虚構の音楽　ワーグナーのフィギュール　フィリップ・ラクー＝ラバルト著／谷口博史訳　三五〇〇円

33 ヘテロトピアの思考　上村忠男著　二八〇〇円

34 夢と幻惑　ドイツ史とナチズムのドラマ　フリッツ・スターン著／檜山雅人訳　三八〇〇円

35 反復論序説　湯浅博雄著　二八〇〇円

36 経験としての詩　ツェラン・ヘルダーリン・ハイデガー　フィリップ・ラクー＝ラバルト著／谷口博史訳　三五〇〇円

37 アヴァンギャルドの時代　1910年-30年代　塚原史著　二五〇〇円

39 フレームワークの神話　科学と合理性の擁護　カール・R・ポパー著／M・A・ナッターノ編／ポパー哲学研究会訳　三八〇〇円

40 グローバリゼーションのなかのアジア　カルチュラル・スタディーズの現在　伊豫谷登士翁・酒井直樹・テッサ・モリス＝スズキ編　二五〇〇円

41 ハーバマスと公共圏　クレイグ・キャルホーン編／山本啓・新田滋訳　三五〇〇円

42 イメージのなかのヒトラー　アルヴィン・H・ローゼンフェルド著／金井和子訳　二四〇〇円

43 自由の経験　ジャン＝リュック・ナンシー著／澤田直訳　三五〇〇円

44 批判的合理主義の思想　蔭山泰之著　二八〇〇円

45 滞留［付／モーリス・ブランショ「私の死の瞬間」］　ジャック・デリダ著／湯浅博雄監訳　二〇〇〇円

46 パッション　ジャック・デリダ著／湯浅博雄訳　一八〇〇円

47 デリダと肯定の思考　カトリーヌ・マラブー編／高橋哲哉・増田一夫・高桑和巳監訳　四八〇〇円

48 接触と領有　ラテンアメリカにおける言説の政治　林みどり著　二四〇〇円

49 超越と横断　言説のヘテロトピアへ　上村忠男著　二八〇〇円

50 移動の時代　旅からディアスポラへ　カレン・カプラン著／村山淳彦訳　三五〇〇円

51 メタフラシス　ヘルダーリンの演劇　フィリップ・ラクー＝ラバルト著／高橋透・高橋はるみ訳　一八〇〇円

52 コーラ　プラトンの場　ジャック・デリダ著／守中高明訳　一八〇〇円

53 名前を救う　否定神学をめぐる複数の声　ジャック・デリダ著／小林康夫・西山雄二訳　一八〇〇円

54 エコノミメーシス　ジャック・デリダ著／湯浅博雄・小森謙一郎訳　一八〇〇円

55 私に触れるな　ノリ・メ・タンゲレ　ジャン＝リュック・ナンシー著／荻野厚志訳　二〇〇〇円

56 無調のアンサンブル　上村忠男著　二八〇〇円

57 メタ構想力　ヴィーコ・マルクス・アーレント　木前利秋著　二八〇〇円

58 応答する呼びかけ　言葉の文学的次元から他者関係の次元へ　湯浅博雄著　二八〇〇円

59 自由であることの苦しみ　ヘーゲル『法哲学』の再生　アクセル・ホネット著／島崎隆・明石英人・大河内泰樹・徳地真弥訳　二二〇〇円

60 翻訳のポイエーシス　他者の詩学　湯浅博雄著　二二〇〇円

61 理性の行方　ハーバーマスと批判理論　木前利秋著　三八〇〇円

62 哲学を回避するアメリカ知識人　コーネル・ウェスト著／村山淳彦・堀智弘・権田建二訳　五八〇〇円

63 赦すこと　赦し得ぬものと時効にかかり得ぬもの　ジャック・デリダ著／守中高明訳　一八〇〇円

64 人間という仕事　フッサール、ブロック、オーウェルの抵抗のモラル　ホルヘ・センプルン著／小林康夫・大池惣太郎訳　一八〇〇円

65 ピエタ　ボードレール　ミシェル・ドゥギー著／鈴木和彦訳　二二〇〇円

66 オペラ戦後文化論1　肉体の暗き運命 1945-1970　小林康夫著　二二〇〇円
67 反原子力の自然哲学　佐々木力著　三八〇〇円
68 信と知　たんなる理性の限界における「宗教」の二源泉　ジャック・デリダ著／湯浅博雄訳　近刊
69 最後のユダヤ人　ジャック・デリダ著／渡名喜庸哲訳　一八〇〇円
70 嘘の歴史　序説　ジャック・デリダ著／西山雄二訳　近刊

本書の関連書

パーリアとしてのユダヤ人　ハンナ・アレント著／寺島俊穂・藤原隆裕宜訳　二八〇〇円
『ショアー』の衝撃　鵜飼哲・高橋哲哉編　一八〇〇円
終わりなきパッション　デリダ、ブランショ、ドゥルーズ　守中高明著　二六〇〇円